「治国良臣」系列

一代圣贤
范仲淹

姜正成◎编著

郑州大学出版社

郑州

图书在版编目（CIP）数据

一代圣贤——范仲淹 / 姜正成编著 . —郑州：郑州
大学出版社，2018.1

（治国良臣）

ISBN 978-7-5645-4238-2

Ⅰ . ①—… Ⅱ . ①姜… Ⅲ . ①范仲淹（989-1052）
- 传记 Ⅳ . ① K827=441

中国版本图书馆 CIP 数据核字（2017）第 078608 号

郑州大学出版社出版发行

郑州市大学路 40 号　　　　　　邮政编码：450052

出版人：张功员　　　　　　　　发行部电话：0371-66658405

全国新华书店经销

虎彩印艺股份有限公司印刷

开本：710 mm×1 000 mm　1/16

印张：12.75

字数：171 千字

版次：2018 年 1 月第 1 版　　　印次：2018 年 1 月第 1 次印刷

书号：ISBN 978-7-5645-4238-2　定价：43.80 元

前　言

范仲淹是宋代著名的政治家、文学家、军事家，他出将入相，主张改革，特别是他的"先天下之忧而忧，后天下之乐而乐"的思想影响了千千万万的人，成为中华文化的宝贵精神遗产。

范仲淹是苏州吴县人，两岁丧父，母亲谢氏改嫁给在尹江府（今江苏苏州）任推官的朱文翰。从此，范仲淹在继父朱文翰的指导下刻苦读书。朱文翰赴京任职时，范仲淹母子便被送到山东淄博长山（今山东邹平长山）老家。

青年范仲淹就读于睢阳（今河南商丘）应天书院。应天书院是当时著名的四大书院之一，学术气氛非常活跃。范仲淹紧紧抓住这个难得的机会，发愤苦读，断齑画粥，终于在大中祥符八年（1015）一举考中了进士，出任安徽广德司理参军，从此开始了数十年的政治生涯。

范仲淹在广德管理狱讼三年，始终保持自己的清廉自守的作风。天禧元年（1017）调离广德时，两袖清风，甚至连盘缠都没有，只好将自己的一匹马卖掉，徒步上任。

他先后在亳州任节度推官，掌握刑事判牍；在泰州西溪盐仓，掌握盐税四年；在兴化任县令。天圣二年（1024），泰州、楚州、通州、海州等地区海水倒灌，田产淹没，盐灶毁坏，灾民流离失所。范仲淹以兴化县令的名义与张纶、滕子京等人，率楚州、海州、泰州、通州民夫四万多人，修堰堤，抵御海水入侵，历时两载，终于修成了一条长一百多公里的捍海堤，阻止海水的泛滥，保护了盐场，解除了农民之苦。当地百姓命将海堤命名为"范公堤"，以纪念他修堤的功绩。

在御史中丞晏殊的极力推荐下，天圣七年（1029）范仲淹迁秘阁校理，尽管这是一个掌管文牍、图书之类的小官，却使他由一个地方官员跻身于京官行列。但因性格耿直、犯颜直谏，他三次被贬外任，足迹踏遍祖国各地。

康定元年（1040），正在贬谪越州任上的范仲淹，突然接到圣旨，命其火速到西北边地，知永兴军；不久他又被任命为陕西经略安抚副使，兼任鄜延、环庆两军的统帅。

范仲淹到延州后，深入实地，了解情况，强兵固边，抵御西夏的入侵。西夏人也对他敬佩不已，认为"小范老子"（范仲淹）胸中有甲兵十万，不比"老范老子"（范雍）可欺。

庆历三年（1043），范仲淹在仁宗皇帝的两次圣诏督促下赴京，皇帝以最隆重的礼节接见了他，要他分析当前之势，不得顾避，任命他为参知政事。范仲淹从青年时起就抱有救世济民、强国富兵的夙愿，他分析宋建国后的形势，制定了改革的基本方案——《条陈十事》。皇帝支持他，以诏令形式颁布全国，开始实行新政，史称"庆历新政"。

他大力整顿吏治，裁减冗员，毫不留情。富弼劝他手下留情，他说："宁可一家哭，不让一路哭。"

"庆历新政"的推行给宋朝带来了欣欣向荣的局面，给黎民百姓带来了新的期望。可是蛰伏于新政背后的旧势力，并不甘心失败。被罢官的遗老遗少怀恨在心，宦官们从中破坏，动摇了皇帝的改革决心，参与改革的成员一个个被调离京城。没多久，范仲淹参知政事的职务被罢免，于是，一场轰轰烈烈的"庆历新政"便凄凉地结束了。

在邓州，他应好友滕子京之请，慨然写下了《岳阳楼记》，抒发了自己"先天下之忧而忧，后天下之乐而乐"的伟大情怀。

"有的人活着，却已经死了；有的人死了，他还活着。"范仲淹永远活在人民心中。他的"先忧后乐"已熔铸成为中华民族的美德，标志着中国儒家伦理所能达到的高度。

目 录

  少 年 苦 读

范仲淹是苏州吴县人，出生于徐州，两岁丧父，母亲谢氏改嫁给朱文翰。从此，范仲淹在继父朱文翰的指导下刻苦读书。

青年范仲淹就读于睢阳（今河南商丘）应天书院。应天书院是当时著名的四大书院之一，学术气氛非常活跃。范仲淹紧紧抓住这个难得的机会，发愤苦读，断齑画粥，终于在大中祥符八年（1015）一举考中了进士，出任安徽广德司理参军，从此开始了数十年的政治生涯。

第二章 复姓归宗

范仲淹考中进士，被授为广德军司理参军。他做的第一件事就是把喜讯告诉忧劳一生的母亲。回到千里之外的长山朱家，一见到母亲老态龙钟、双目深陷，竟衰老得这么厉害，范仲淹不禁悲从中来，肝肠寸断。

这时他的继父朱文翰早已因病去世，他想把母亲接到应天府安家赡养。在应天府同学朋友的帮助下，又经过一番周密的安排，终于把母亲和一位朱氏兄弟安顿在宁陵新家。

第三章 雄心万里

天圣元年（1023），范仲淹任兴化县令，总掌捍海大堤工程。五年后，长达150余里的捍海大堤，历经曲折坎坷，终于修成。

海堤的修复，解决了沿海各州县百姓的海潮之患，保护了泰、海、通、楚四州数十万人民的生命财产和大面积的盐场粮田，召回了流亡在外的三千多户人家。从此，堤东产盐，堤西种田，民众安居乐业了，盐税与田赋收入也增加了。人民感念范仲淹，称捍海堤为"范公堤"，至今遗迹尚在。

第四章 三起三落

天圣六年（1028），范仲淹经晏殊举荐，到京城做了一名京官，职务是秘阁校理，也就是皇家图书馆的工作人员。这是一个可以接近皇帝的官职，在这样的位置上，如果他会钻营，很快就可以飞黄腾达。但是志存高远的范仲淹却没有那样做，他多次犯颜直谏，惹得垂帘听政的刘太后和仁宗皇帝很不高兴，也拉开了他一生中三进三出京城的序幕。

第五章 西北烽烟

范仲淹与韩琦主持西北边事，携手不疑，世称"韩范"。他们部署得当，号令严明，爱抚士卒，使边关将士能戮力同心，西夏再也不敢小觑北宋边军。当时边上就流传着这样一首歌谣："军中有一韩，西贼闻之心骨寒；军中有一范，西贼闻之惊破胆。"在范仲淹、韩琦的共同经略之下，真的"不数年间"使边事逐渐趋于平定了。

  第六章 庆历新政

庆历三年（1043），北宋与西夏之间初步达成和议，仁宗迫不及待地将55岁的范仲淹从西北前线召回中央任枢密副使。同年八月，范仲淹升任参知政事。在仁宗的支持下，范仲淹开始了以整顿吏治为核心的新政，史称"庆历新政"。他力图使有才能和德行的人得到提拔和重用，这是范仲淹的理想，也正是仁宗孜孜以求的目标。但是，改革从根本上触及了许多官员的既得利益，赞成改革的人实际上并不多，施行不久就受到多方面的攻击。

庆历五年（1045）初，范仲淹、韩琦、富弼、欧阳修等人相继被排挤出朝廷，各项改革也被废止。

万 古 流 芳

皇祐四年（1052）元月，范仲淹明显感觉身体状况不佳，遂向朝廷提出移知颍州。赴颍州途中病情加重，五月二十日病逝于徐州。

纵观范仲淹从官历程，无论身居何职，无论进退，他始终把国家和人民的利益放在首位，始终不忘自己的责任，他的一生都是在忧国忧民中度过的，真正做到了"先天下之忧而忧，后天下之乐而乐"。

第一章

少年苦读

范仲淹是苏州吴县人，出生于徐州，两岁丧父，母亲谢氏改嫁给朱文翰。从此，范仲淹在继父朱文翰的指导下刻苦读书。

青年范仲淹就读于睢阳（今河南商丘）应天书院。应天书院是当时著名的四大书院之一，学术气氛非常活跃。范仲淹紧紧抓住这个难得的机会，发愤苦读，断斋画粥，终于在大中祥符八年（1015）一举考中了进士，出任安徽广德司理参军，从此开始了数十年的政治生涯。

坎坷身世

北宋太宗端拱二年（989），一个新的生命降生在武宁军（今江苏徐州）节度掌书记的官舍，他就是后来著名的政治家、军事家、文学家、教育家范仲淹。

范仲淹，祖籍邠州（今陕西彬县），其父范墉博学能文，为官耿直，随吴越国王钱俶归宋后，先后任成德军、武信军、武宁军节度掌书记。

范墉早年丧妻，续娶了性情温顺善良、持家勤俭的谢氏为妻，即范仲淹的生身母亲。当时，范仲淹母子随范墉居住在徐州，日子虽不富裕，倒也安康。天有不测风云，在范仲淹两岁那年，父亲突然一病不起，不久便去世了。范墉一生为官清廉，家无积蓄。突遭的不幸，使谢氏束手无策，靠官府和好心人的帮助，她才将丈夫的灵柩运回苏州老家，安葬于天平山范氏祖茔。

谢氏把丈夫安葬后，就暂宿在范坟附近的咒钵庵里。母子贫而无依，没有生活来源，虽有乡亲们的接济，但终究不是办法。范仲淹四岁那年，时任平江府（今苏州市）推官的朱文翰新丧妻室，经人介绍续娶了范母谢氏，范仲淹也遂改朱姓，名说（读"悦"）。

朱文翰，字苑文，淄州长山县（今山东邹平长山镇）人，端拱二年进士，也是为人清廉耿直，不怕得罪朝廷、权贵，一生不但没做多大的官，而且还被调来调去，没有安生过。范仲淹母子也就自然相随游居，颠沛流离。

据说，范仲淹曾随继父在池州的青阳长山读书数年。后人为纪念范仲淹，便将此山改名为"读山"。

范仲淹9岁那年，继父调任安乡，范仲淹母子又随朱文翰西去上任，路过岳州时，他们游览了岳阳楼，然后乘船穿过八百里洞庭湖到达西岸的安乡县。

安乡，宋时归属澧州，虽为小郡，却三面皆湖，山清水秀。在县治鹤港之北，有一道观名叫兴国观，它"俯瞰澧水，梁山、药山陈其前，大鲸、西湖汇其侧，举目数百里，轩豁宏爽，面执旷杰"（〔宋〕王任《澧州重修范文正公书堂记》），非但壮观，且极为幽静，春无蛙声，夏无蚊虫。朱文翰便安置范仲淹在这里读书，并得到兴国观中司马道士的启蒙教育。范仲淹在安乡数年，不但学业大进，而且因常在湖岸玩耍，在湖里捉鱼，对洞庭湖的风光留下了极为深刻的形象，故而四十年后在邓州应滕子京之请时，文思如泉，一气呵成，写就千古名篇《岳阳楼记》。

此后，范仲淹又到淄州秋口（今山东淄博）、长山醴泉寺（今山东邹平）、南都（今河南商丘）应天府书院等处读书，终于在27岁时考中进士，踏入仕途。

坎坷的身世、贫困的童年、颠沛流离的少年，使范仲淹饱尝了人世间的辛酸，感受了社会最低层民众的苦难，同时也受到了道家、佛家、儒家等多方面知识的熏陶，无疑为他形成"先天下之忧而忧，后天下之乐而乐"的人生观打下了基础。

辽兵进犯

战火的灾难在范仲淹少年时代的心灵上划上一道深深的印痕，形成了他终生拂之不去的戎马报国的情结。

咸平二年（999）七月，辽国举全国重兵屯于河北边境，伺机南侵。宋真宗也随即全面部署在河北一带设防。九月，辽兵与宋军在保州（今河北保定）交战。宋军主将关键时刻惧战自保，握重兵而不出战，致使宋军损兵折将，辽骑纵横驰突，劫掠月余。辽兵游骑远袭至邢州（今河北邢台）、焰州（今河北永年东南）。咸平三年（1000）正月，辽兵至瀛洲（今河北河间），突破高阳关，打败宋军，旋即从德州、棣州间渡过早已结冰的黄河，直插淄州、齐州一线，长驱直入，进行了一次空前的劫掠。那时，黄河以南的州郡，大都没有修筑坚固的城墙，个别原有城墙因年久失修，也难以御敌。再者，各州郡也没有兵卒防守和作战。因此，辽国的骑兵无所阻挡，大肆抢掠。

12岁的范仲淹，这时正在长山学宫读书。县城内外，到处传递着辽兵进犯的信息，学宫的塾师也常常露出惊恐的神色。每天回到家中，范仲淹看见母亲总是心神不定。辽兵如何杀人屠城，如何凶残，宋朝军队如何节节败退不堪一击的传言，传遍大街小巷和村落农舍。人们惊恐地谋划着，时刻准备着怎样躲过这一劫。突然有一天清晨，长山县城的大小官员和一些富家大户，大小车辆，装载着财物，纷纷外逃。多半逃往长白山深处。朱氏家族，住在县城近郊，也极不安全。族内的长辈们仓促组织，扶老携幼，拖儿带女，也跟随着向西南山区方向逃难。

前脚刚走，后脚辽兵就杀过来了。霎时间，县城内人喊马叫、鬼哭狼嚎的一片嘈杂之声传出老远老远。几天之后，范仲淹跟随老人们返回长山，已是一片狼藉，满目疮痍，惨不忍睹。没来得及外逃的人，有的被砍伤，有的被杀死，有的被捆绑掠走。财物被辽兵洗劫一空。老百姓虽然穷困却安定的生活，骤然间陷入了痛苦的深渊。年幼的范仲淹目睹这一切，实在想不明白：大宋朝廷的军队为什么保护不了民众的生命财产安全？怎么能让辽国的骑兵深入到大宋疆域的内部来骚扰呢？

4年以后，继父朱文翰任淄州长史，范仲淹到秋口读书，同窗之中有一位特别要好的学友叫张揆，两人同年所生。淄州官民到处传扬着张揆之父张蕴当年保卫淄州的英雄事迹与功勋。咸平三年正月，正是朔风呼啸的严冬。辽国骑兵已从邹平、长山杀奔南来。淄州城内城外，慌乱一团。任淄州兵马监押的张蕴，找上刺史商议如何御敌，不料刺史与官员们听闻辽兵锐不可当都想弃城逃往南山躲避。城内外居民有的已经开始外逃。刺史不但不听张蕴劝告，反而下令立即出城。张蕴一不做，二不休，拔出明晃晃的宝剑，厉声呵斥道："在这危急时刻，我们怎么能舍弃城池和府库而不顾。辽军未到，我们自己先乱了阵脚，自相践踏劫夺，全城的老百姓可就要遭殃了。谁胆敢带头逃走，我就先杀了谁号令三军！"在张蕴义正词严的号令下，官民无一人敢动。张蕴立即组织全城兵民登城，构筑栅垒，筹集粮饷，安排得井然有序，严密周到。连续几个昼夜的严防死守，给长驱而来的辽兵一个迎头阻击。辽兵看实在攻不下淄州城，只好掉头返回。敌人全部退去之后，淄州的官民额手称庆，异常感激地说："要不是张公英明决断，指挥守城，我们的父母妻子儿女岂不就变成了敌人的刀下鱼肉了！"张蕴守城有功。后来朝廷奖赏时却没有张蕴，反而换成了原欲弃城逃跑的淄州刺史。《宋史·张揆传》云："郡守愧，始谋掠为己功，反陷以罪，蕴受而不校。"范仲淹对胆识浩然的张公崇敬有加，对吏治的腐败愤恨不已，对朝廷长期不修武备深深忧虑。

42年后，范仲淹领环庆之师守收卫边塞，经过马岭镇，在荒僻的戍城内竟发现有孔子庙宇，查看庙内碑石，此庙竟是他少年时代十分崇敬的张蕴所建。范仲淹不禁感慨万端，欣然命笔撰文，即《书环州马岭镇夫子庙碑阴》，追述了咸平二年冬淄州之战的往事。

志向不凡

范仲淹自幼胸怀大志，要报效国家。传说有一天，有几个要好的同学邀他外出游玩。路上，他们经过一座寺庙，看见来来往往进出寺庙的人很多。大家很奇怪，同学中有人前去询问，人们告诉说，这庙里的神可灵了，可以预卜吉凶祸福，也可以问前程未来。同学们出于好奇，也随人流进了寺庙，看到人们都在争先恐后地求签问卜。

范仲淹也走到神像前占卜未来前途，他取出一枚铜钱，心中默默祈祷："他日若能得相位，请花面向上。"祷罢，闭目将铜钱向空中一抛，待铜钱落地，走近一看，铜钱却字面朝上。

范仲淹接着拾起铜钱，又祈祷说："如不能做良相，做个良医如何？若能，请让字面朝上。"说罢又闭目把铜钱抛向空中。铜钱落在地后转了几下，结果花面朝上。范仲淹不免有些扫兴，不过他并不灰心，仍刻苦学习，决心实现自己不为良医便为良相的抱负。

在范仲淹看来，良相、良医，地位不同，性质不同，但为生民造福却是相同的。当宰相官高权重，可以造福天下，普救黎民百姓于水火；做良医，虽无权解民于倒悬，但可以给老百姓治病，帮助病人解除痛苦，同样可以造福于天下。

这只是一个传说，但从这个传说中不难看出，那个时候的范仲淹，就抱定了上安社稷、下慰黎民的壮志。

咸平三年（1000），一位长山县籍的儒生一举考中真宗的进士，在长山县引起了不小的轰动。长山学宫的教师也以此鼓励学子立志成才。进士及第者谁？姜遵，字从式，淄州长山县人。中进士后，初为蓬莱尉，又召为登州司理参军，继而为开封府右军巡判官。这时，遇到一重大疑案，案犯将判为死罪，姜遵看出破绽，辨别情伪，明断冤屈而释放。因此，升为太常博士，王曾荐为监察御史，殿中侍御史，开封府判官。这期间，姜遵丁忧回乡，消息传到长山城。范仲淹认为，这是难得的学习机会，可以从姜遵处了解当今天下大事、朝廷君臣内情以及如何做官为民等，于是便邀集几位同窗学友专程去拜访姜遵。

姜遵为人刚正严肃，无论对谁，从不委曲殷勤，给人以无名的敬畏。范仲淹等人以礼拜见姜大人以后，迅即消除拘束心态，向姜大人询问请教，继而相互问答。其中讨究到於陵陈仲子为什么既不就齐国大夫之职、也不受楚相之聘，而甘愿辟纩织屦、为人灌园的问题，大家各抒己见，议论风生。其中范仲淹关于"春秋无义战""春秋无贤臣"的一番言论，不禁令姜遵刮目相看，而且觉得后生可畏了。

范仲淹与学友们辞别姜大人时，姜遵却把范仲淹单独留下，吩咐家人置办酒饭招待。饮宴之间，促膝深谈，甚为默契。姜遵面对这位未出茅庐却志存高远的少年时，敬重之情油然而生。范仲淹告别以后，姜遵激动地对家人说："这位朱学究年纪虽小，却是难得的奇才。我看他将来不但要成为位极人臣的显官，还必定留盛名于世，传之久远。"

姜遵宛如伯乐，真是慧眼识才，预见确然。姜遵在仁宗朝，迁右谏议大夫，拜枢密副使，升给事中，卒后赠吏部侍郎。范仲淹任秘阁校理时，姜遵为枢密副使，两人同在京都做官，相交甚厚。

游学关中

宋真宗赵恒继位后，朱文翰得到信任，升为户部郎中。郎中为皇帝的侍卫和随从，地位较高。朱文翰为人耿介刚直，敢于直言朝政，得罪了权贵高官，受到诽谤中伤，景德初年被贬出京城，任淄州长史。

母亲先去淄州的秋谷口照料继父，范仲淹仍在长山读书。

景德末年（1007），朱文翰卸任淄州长史，调任盐铁度支判官。盐铁度支，负责全国盐铁生产的统计和支调，设有度支使、副史、判官。判官，稍次于副使。范仲淹随从继父从淄州回到了长山。当时长山既没有合适的学官，也寻不到好的教师，便暂时闲在家里。母亲劝他是否去做商贾技艺的事情，挣些钱，既可贴补家用，也可慢慢自立。他告诉母亲，现在他不想去做事，唯一想做的是读书，要有大学问，要有真本事。继父明白，范仲淹志趣不凡，要走科考之路。便对谢氏说："不要为难他了，让他选择自己愿走的路吧。"

大中祥符元年（1008），范仲淹20岁这年，决定游学关中。征得二老同意之后，他带上琴剑和少许衣物，踏上了漫漫西征之路。琴剑，一向是范仲淹外出随身必带之物。他每日闻鸡起舞，凌晨练一通剑术，无论春夏秋冬，从不间断，他要做一个文武双全的国家栋梁之材。文能笔扫千军，武能一当万师，文韬武略，智勇兼备，方能负天下之重任。为了陶冶性情，他又酷爱弹琴，曾向徙居淄川的大音乐家崔遵度学过琴艺。对周朝尹伯奇创作的古琴曲《履霜操》情有独钟，平时只弹此曲，时人称他"范履霜"。陆游《老学庵笔记》载："范文正公喜弹琴，然平日只履霜一操。"每当夜晚宁静之时，他便操琴数曲，体察先师在齐闻韶三月而不知肉味的心迹，探究"治乐以治心"的乐治奥秘。

范仲淹仗剑一路西来，登山涉水，风餐露宿，访民问俗，寻古觅幽，眼界大开，见识大增。他心向往之的关中宝地，变得可触可视可凭可吊。关中岐山，原为周朝兴起之地，故为岐周。当年文王访大贤姜尚于渭水之滨。姜尚灭商有大功，封于齐，成为齐国的始祖。自己从齐出发，而来寻觅周文化的源头。孔子终生仰慕西周那种"仁政德治"的小康社会。然而，礼崩乐坏，诸侯征战，秦用商鞅，崛起于关中。"秦王扫六合，虎视何雄哉"，始皇登基，奢望万世，历史偏偏跟他开玩笑，倏忽短命，令秦朝二世而亡。那骊山下的秦陵巨墓，向后人昭示着什么？关中，蕴藏着昔日汉唐盛世的秘密，每一寸土地都有华夏文明演进的足迹。

在关中，范仲淹结识了许多有识之士。其中一位就是被他称为吏隐的王衮。所谓吏隐，不以利禄萦心，居官而同隐者。王衮善诗，富有正义感。担任著作佐郎，通判彭州。通判比知州稍低，相当于副长官。恰巧遇上知州做了不法之事，他愤而公开斥责，结果丢了官，居住长安中与豪士交游，纵酒放歌，大有嵇阮之风。后来他又出来做官，管理终南山上清太平宫，实则是隐士。王衮的儿子王镐，字周翰，与范仲淹成了好朋友。王镐有两位好朋友，一位叫周德宝，一位叫屈元应，都是道士，两人都善于弹琴。周精于篆，屈于易学深有研究。当时，他们朝暮相从，什么问题都喜欢议论，畅所欲言，各抒己见。王镐幼时奇敏，善为诗文，声满长安，呼为"小秀才"。稍年长，不慕利禄，著书乐道。这时，他与范仲淹、周德宝、屈元应几位朋友，或开樽浩饮，或扣弦而歌，远离尘嚣禄利，得山水之乐。秀丽如黛的青山，飘逸闲适的白云，重叠蜿蜒的群山，连到天边。等到明月升高、露水降临之时，天地万物都安静了，便有悠扬笛声从西南方向依山而起，上响彻星汉，下充满深谷丛林之中。清风伴随笛声徐徐升起，夜空中无一丝云烟。客人惊异，谁在吹笛？王镐说："这是一位贫苦的老书生，每风月之夕，就来此操长笛，吹奏数曲而去，已经四十年了，这是真正的君子之乐。"这如痴如醉、如梦如幻的情与景，永远鲜活在范仲淹的记忆中。

37年后，范仲淹经略陕西，应王镐长子之请，天圣五年（1027）为病逝的王镐撰写了墓表，称颂道：有君子焉，生兮云山，葬兮云山，始终不垢兮，其清而贤。

在这次关中游历中，范仲淹也进一步了解了民间疾苦。对农民辛苦的劳作、艰苦的生活状况有了更加直观的认识和深切的感受，对范仲淹以后的施政为民产生了直接影响。

 ## 借读醴泉寺

范仲淹从关中游学东归长山之后，胸襟宽了，眼光高了，读书求知的愿望更强烈了。

当时，长白山一带学风很盛，颇有些饱学之士。地处长白山腹地的醴泉寺内，当时聚集着一批颇具儒学造诣的和尚，寺院的住持就是远近闻名的儒学大师。

范仲淹打算到醴泉寺借读，先跟母亲商议妥当后，整理了一下简单的书籍衣物，背上包裹，便直奔相距50多里路的醴泉寺。醴泉寺是济东的大佛寺，唐朝时期日本僧人曾来此求法拜佛。相传南朝宋齐之间，由庄严法师所创建。唐中宗时，寺僧仁万重建。寺成之日，东山岩石间有泉水涌出，掬而引之，味甘芳，唐中宗特赐名"醴泉寺"。寺院负阳而抱阴，东、西、南三面是青山，北面空阔，视通黄河。寺西涧水，从南山悬崖石缝中汇流而来。低洼的地方，小泉埋在草根树叶中间甚多，汩汩流淌，可谓遍地醴泉。这里山好，水好，人更好。

范仲淹来醴泉寺，不是出家当和尚，而是来拜高僧为师，学习儒学经典，寄居寺内，故曰"借读"。寺院住持高僧与范仲淹见面叙谈后，深感这青年为人诚恳，求学心切，而且心志高远，便欣然收留了范仲淹这个儒学徒弟，给予他学习及住宿的种种方便。初始，住持每天单独为范仲淹讲授一个时辰，其余时间由范仲淹自学。自学中遇到的疑难，第二天范仲淹会请教师父。师父根据范仲淹提出的问题，即题讲解，并且进一步拓宽思路，深层探究。范仲淹暗自叹服，师父讲得透彻。每次讲授，都使范仲淹觉得心地敞亮，识见大增，一天一个新的境界。

寺院内，天天和尚诵经做法事，男女香客，熙熙攘攘，声音嘈杂，喧嚣得很。为了规避喧嚣，范仲淹在寺院外东山及南山，寻找到几个小山洞，宛如石室，十分幽静，是独自读书思考的好地方，他经常到这些山洞读书，有时一两个时辰，有时终日在此。饿了，吃点自带的食物，渴了喝点山泉水，还有满山遍地可食的野菜野果充饥。后人将范仲淹曾经读书的山洞称作"范仲淹书堂"，又有上书堂、下书堂之分，俗呼范公读书洞。他的足迹和读书声曾遍布醴泉寺的山山岭岭。

 断斋画粥

范仲淹的母亲谢氏，身世坎坷，吃尽苦头，饱尝艰辛，因此把所有

的希望寄托在儿子身上。谢氏以孟母自励，悉心教子；范仲淹以颜回自律，发愤成才。举凡古代刻苦攻读学有所成的故事，母亲和继父都对范仲淹一一讲过。

汉代朱买臣家贫，一边砍柴，一边读书；隋代李密，为人放牛，骑在牛背上读《汉书》，其他书挂在牛角上。汉朝路温舒无书，把借来的《尚书》抄在自己用蒲草编的席子上；公孙弘家贫无书，削竹片抄录《春秋》诵读。晋朝车胤，夜读无油灯，捉来许多萤火虫装在纱袋里，靠萤火虫发出的光亮读书；孙康则在冬夜借大雪的反光读书。晋朝孙敬，读书至夜深，不让自己打瞌睡，以绳系发，悬于屋梁，如打盹低头，绳索便会将他拉醒（头悬梁）。战国时苏秦游说秦国而不被重用，回家来遭到妻不下机、嫂不为炊的冷落，发誓钻研兵法之书，每当夜深

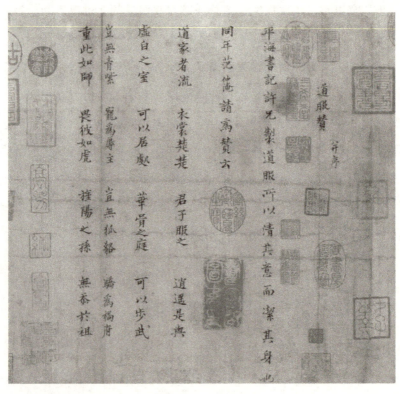

范仲淹手书《道服赞》

昏昏欲睡之时，就用锥子自刺大腿，使自己清醒之后再读（锥刺股）。潜移默化，读书成癖，自觉吃苦，乐在其中。

在县学读到《孟子》："舜发于畎亩之中，傅说举于版筑（筑墙）之间……故天将降大任于斯人也，必先苦其心志，劳其筋骨，饿其体肤，空乏其身，行拂乱其所为，所以动心忍性，增益其所不能……然后知生于忧患，而死于安乐也。"范仲淹心里豁然明白：要想干一番大事业，就得自律严刻，自觉吃苦，自强不息。

在醴泉寺读书期间，继父的家已经比较窘迫，范仲淹心知肚明。每次离家去寺院，母亲总劝他多带些粮米，一来担心儿子吃不饱累坏身体，二来怕给寺院的师父增加负担。可每次范仲淹都不多带。母亲絮叨规劝，范仲淹总是胸有成竹地说："我有数，不少。"初到寺院时，粮米交给厨房，代为制作，随寺院的钟声与和尚们一道用饭。可范仲淹，从早到晚一个心思地读书思考，经常充耳不闻钟声，忘记了吃饭，再去打饭时，又过了时辰。好心的厨僧或小和尚眼看着范仲淹如此废寝忘食地读书，便主动给他送饭来，范仲淹很过意不去。

为了读书方便，他自己备了小锅小灶，自炊起来。范仲淹按自己既定的主意，每天夜晚，量好米，添好水，在小灶里点燃自己拾的木柴，煮米粥。一边读书，一边续柴煮粥。一锅米粥煮好了，时间也已过了子夜，他便和衣睡去。第二天清早起来，锅里的米粥凉透了，已经凝固成圆圆的一整个。他拿出小刀，在凝固的粥块上面，画上一个十字，完整的一锅粥分成了四块。早晨吃两块，傍晚吃两块，一日两餐，这便是"画粥"。用什么菜蔬佐餐呢？菜蔬就在寺院周围的大山之中。坡坡岭岭，沟沟坎坎，自然生长着野韭菜、野葱、野蒜、野山芹，还有苋菜、苦菜、荠菜、蒲公英、王不留、茵陈等十几种可食的野菜。白天去山洞读书时，顺便拔几种野菜回来。吃饭时，把十几根野韭菜，或野葱、或野蒜，切成细碎末，加入一点盐搅拌一下，一顿佐餐的菜便成了。这就是"断齑",齑即切成碎末的韭菜、葱蒜等。断齑画粥,既简单又清淡,省时、省力、省钱,可谓范仲淹的创造!醴泉寺读书三年,范仲淹基本过着"断齑画粥"这种清苦自律的生活。

随着范仲淹在北宋历史舞台上光辉业绩的展现,"断齑画粥"也就成了特指范仲淹青少年时代刻苦读书的专用成语。

窖金捐寺

范仲淹在醴泉寺读书的后期,年老多病的继父,从平江刺史任上,解组归乡。回家不久,继父辞世,家道没落,母亲一人支撑偌大的家,异常困顿,操劳过度,心力交瘁。范仲淹看在眼里,疼在心里。但他想,一定要坚持学完寺院师父所教授的经学,尽量节衣缩食。

寺里的师父发现范仲淹吃得愈来愈少,读书却愈加勤奋,几近昼夜不息。师父既感动,又怜惜,每天便留出四张饼,送给范仲淹,嘱咐他一定要吃,不能饿坏身体。范仲淹接过师父的饼,连连称谢。他深知,这饼是师父的一片慈爱之心,也是师父的一片厚望。每次接到师父的饼,总舍不得吃,总是留待读书累了,肚子饿了时再吃,于是便把饼放在窗台上。在师父的接济下,范仲淹的生活大有改善,终于能够坚持。

一天晚上,他正在读书,一只白鼠偷食面饼。他从座位上立即站起来,白鼠听到声响,便叼着吃剩的面饼逃跑了。他快步追上去,白鼠已窜到房门外。他跑上去一看,白鼠嗖的一声钻进了门槛旁边墙根的缝隙中。他掀开一块砖,发现确实有个鼠洞,比较深。端过油灯仔细照看,原来竟是一块石板,像是下面有什么东西藏着。他觉得蹊跷,忙刨开上面的覆土,露出一块大石板,掀开石板一看,范仲淹惊呆了:竟是满满一窖白银！这不知是何朝何代何年何月何人何故为谁而窨藏？心神稍定后，范仲淹唯恐深夜惊动了僧人，泄了密，立即动手，掩埋如故，恢复原貌。范仲淹分文未取，守口如瓶，依然过着往日清贫的读书生活。

白驹过隙，30个春夏秋冬过去。岁次庚辰，康定元年（1040）春天，范仲淹已年过半百，他以龙图阁直学士，担任陕西经略安抚副使，兼知延州（今延安）。某月某日，他正为防御西夏进犯的种种军务忙碌着，淄州邹平县醴泉寺的一位僧人奔赴延州，寻到了范仲淹。寒暄阔别，友情如故，师兄师弟相称，好生快活！然而，细问得知：去年一场大火，醴泉寺化为灰烬，断壁残垣，甚是凄凉，众多僧人，衣食无着，寄居他乡，甚是可怜。师父已届耄耋之年，仰天叹息之余，忽然忆起曾寄读醴泉寺的范仲淹，现在名满天下，请求范仲淹伸出援手，捐些银两，兴建寺庙。范仲淹听师兄和尚说罢详情，叹息良久，却不说筹措资金的事。他挽留僧人住了几日。临别，范仲淹交给僧人一封给师父的信，一再叮嘱务必把信收好，交给师父。师父接到信，命人按信中所说的地址方位，刨开来看个究竟。不到半个时辰，一窨白花花的银子，呈现在眼前，师父和僧徒也像当年范仲淹一样，惊呆了！继而大家欢呼雀跃，奔走相告：醴泉寺有救了！这时，30多年前他们熟悉的那位苦读勤学的青年范仲淹的形象顿时高大起来！其高风亮节，其浩然正气，令人钦佩之至。

感愤自立

范仲淹在醴泉寺寄读的第三年，家境愈加困顿，母亲也愈加操劳辛

苦。朱氏兄弟中有的生活不检点，浪费财物，范仲淹多次好言相劝，不但无济于事，反而引起对方的抵触情绪。有一次，某位朱氏兄弟的浪费不节，惹得母亲生气，母亲批评他，他不仅不听，还顶撞了几句。范仲淹实在看不下去，再次劝告制止，朱氏兄弟竟怒气冲冲地说："我花的是我朱家的钱，与你有何相干？"范仲淹一听，话中有话，懵了！他询问母亲，母亲泪流满面，默默无语。他更加疑惑，便外出询问自己最知己的朋友，朋友被追逼无奈，只好简略地透露了他随母改嫁徙居长山的身世。他一听，宛如五雷轰顶，异常震惊，觉得眼前家中的一切都变得陌生起来。震惊之后，过去心底的种种谜团疑云，也豁然开朗了。他懂事起，无论家内家外，总有一种异样的感觉。他走在街头巷尾，总有一些左邻右舍的人，以异样的眼光注视着他，有的人还低声嘀咕着什么。继父虽然对范仲淹呵护疼爱有加，但礼教构成的习惯势力是巨大而可怕的，宗法思想、嫡庶之别充斥着社会生活的方方面面。因母改嫁，备受歧视，范仲淹心底的谜团彻底解开了，心中异常痛苦。他彻夜无眠，思前想后，誓要离开长山朱家，自强自立，且决意自立门户。

继续读书，通过科举入仕，是唯一靠自己奋斗而改变命运的路。漫游关中时他曾听闻应天府书院是天下最著名的学府，他想投奔应天府去求学。范仲淹回到醴泉寺，将家庭的变故和自己的打算，倾诉给恩师和诸僧友。醴泉寺的师徒都更加同情志向远大发愤读书的范仲淹，帮助他出主意。寺院的住持高僧告诉他说："南都应天府，秦置睢阳县，唐为宋州。太祖皇帝曾为归德军（即宋州）节度使，所以登基后定国号宋。景德三年，宋真宗追念宋太祖"应天顺时"创建大宋，便将宋州改为应天府。应天府是大宋皇朝的发祥之地。书院最早是五代后晋时儒生杨悫在赵直将军的支持下创建，杨悫去世后，由学生戚同文主持，声名播满天下。戚同文先生的身世与你相似，幼时父母双亡，寄养在祖母的娘家。杨悫教授生徒之初，收留了戚同文，不到一年竟诵完五经。杨很器重戚同文，将妹妹许配给他为妻。因身处乱世，戚同文绝意仕进，便主持了学舍，各地有志学子，不远千里而至，登第者五六十人。先生终生乐善好施，以行义为贵，深为世人推崇，其门人追称他为坚素先生。现在的书院是应天府富户曹诚，仰慕先贤戚同文先生高风，斥巨资重建房舍150余间，聚书数千卷，聘戚同文先生的裔孙戚舜宾主持，当今皇帝赐匾额应天府书院。你去南都攻读，定有所成，你放心地去吧。"恩师一席话，更加坚定了范仲淹选择的人生之路。

范仲淹回家带上简单的行李和琴剑，与母亲相约十年为期，就此拜别，毅然决然地离开了长山朱家。范仲淹走后，母亲五内俱焚，悔恨交加，急派人要追回范仲淹。范仲淹主意已决，对来人说："恳请转告母亲大人，让她老人家保重，等我考中进士，一定来接母亲大人奉养。"范仲淹又再三拜托来人费心关照他的母亲，说了声"十年再见"，径奔南都而去。

 睢阳苦读

大中祥符四年（1011），范仲淹到达睢阳应天府书院，进入了一个崭新的学习天地。此时，这里有许多名师执教，有来自四面八方的众多同窗学友可以切磋，又有大量的经籍可以阅读。戚同文贫贱不屈、刻苦好学、诲人不倦的精神已经成为书院的校风与学风。尽管戚同文已去世三十多年，范仲淹仍以戚同文为楷模。范仲淹在原本刻苦的基础上，要求自己更加严刻、更加吃苦，更加自觉地磨砺自己，几近苛刻的程度。每天诵读到深夜，疲倦欲睡之时，便用冷水洗洗脸，清醒一下头脑继续

诵读，五年中竟没有脱掉衣服睡过觉。他依然保持在长白山醴泉寺读书时吃粥的习惯，即所谓"断齑画粥"，天天吃两餐稀粥，吃点咸菜。有时白天只吃一餐粥，而且到日偏西才吃。书院的师生都称赞范仲淹是"颜回转世"，都以他为榜样，苦学深思，立志成才。

范仲淹在书院苦读的第四个年头，应天府打破了往日的宁静。宋真宗继位以后，为了掩饰宫廷中"争权灭亲"丑闻，在王钦若等一伙人的密谋策划下，大搞"降天书""封禅泰山"的迷信活动。宋真宗四处巡游祭祀，弄得臣民迷惑惶恐，他自称"道君皇帝"。大中祥符七年（1014）正月，宋真宗到亳州太清宫去拜谒老子庙，加封老子"太上老君混元上德皇帝"。紧接着又来应天府拜谒赵家祖庙——圣祖殿，并再降天书，群臣绘声绘色编造附和说：天书从皇帝车驾上空缓缓降下，又有瑞霭绕庙，彩云腾空，还有黄云覆辇，紫气护幄。说得天花乱坠，以假乱真。百官朝贺，上下传呼万岁，震天动地。一时间，应天府城内，万人空巷，人声鼎沸。同时又下诏书：应天府升为南京，施行特赦，让

范公祠

广大臣民在"重熙颁庆楼"大吃宴席三天，男女老幼无不争先恐后地去观看当朝天子的真容，品尝御赐的美酒佳肴。应天府书院也不例外，教师与学子，倾校而出，唯独范仲淹一人静坐学舍，若无其事，坦然读书。应天府留守的儿子回来后十分不解地询问范仲淹："能有见到皇帝的机会实在难得，你为什么要错过呢？难道学习还在乎这一天半天吗？"范仲淹胸有成竹地说："以后再见也不晚。"

留守的儿子将范仲淹天天吃粥和不出去观驾的情况，回家告诉了他父亲。留守听后让儿子带上官府厨师做的饭菜送给范仲淹。过了几天，留守的儿子去看范仲淹，发现他送的饭菜一点没动，都发了霉。留守的儿子异常不悦地说："我家大人听说你生活清苦，特意让我送来饭菜招待你，你竟然没有吃，难道是玷污了你，有过错吗？"范仲淹匆忙地表示歉意解释说："家父大人和你的一片深情厚谊，让我十分感动。但我长久吃粥已经成了习惯，今突然吃了您的如此丰盛的美味佳肴，以后我怎么能再安于吃粥呢？"留守的儿子听罢，既感动，又惊讶：范仲淹所思所为，异乎寻常。

《睢阳学舍书怀》是范仲淹五年苦读心志的形象表达。

> 白云无赖帝乡遥，　汉苑谁人奏洞箫。
>
> 多难未应歌凤鸟，　薄才犹可赋鹪鹩。
>
> 瓢思颜子心还乐，　琴遇钟君恨即销。
>
> 但使斯文天未丧，　涧松何必怨山苗。

西汉王褒作《洞箫赋》，受益州刺史举荐，被召入朝；西晋文坛领袖张华，身处云阁，慨然有感，作《鹪鹩赋》；晋国大夫俞伯牙善抚琴，高山流水觅知音，终于在山野间寻到真正的知音钟子期。范仲淹在睢阳学舍，像颜回那样箪食瓢饮居陋巷，"人不堪其忧，回也不改其乐"地攻读，"大通六经之旨"，尤长于《易》。他以先贤斯文之道自任，以国之栋梁之才自许，殷切地期待知音，殷切地寻觅知音。但范仲淹自信，终有拨云见日大展宏图之日。"涧松何必怨山苗"，也是有典故的，意思是生长在山涧中的松树不必怨恨山巅的青草天生占据高位。此诗表达了范仲淹的远大志向。

第二章

复姓归宗

范仲淹考中进士，被授为广德军司理参军。他做的第一件事就是把喜讯告诉忧劳一生的母亲。回到千里之外的长山朱家，一见到母亲老态龙钟、双目深陷，竟衰老得这么厉害，范仲淹不禁悲从中来，肝肠寸断。

这时他的继父朱文翰早已因病去世，他想把母亲接到应天府安家赡养。在应天府同学朋友的帮助下，又经过一番周密的安排，终于把母亲和一位朱氏兄弟安顿在宁陵新家。

荣登进士

史载，范仲淹"真宗大中祥符五年（1012），礼部举第一。祥符八年，登蔡齐榜进士第。"大中祥符五年为什么没有登进士呢？真宗本纪祥符五年载有"三月己丑，御试礼部举人"。很显然，最后殿试没考中。这对范仲淹来说，其中肯定有许多难言的隐情与苦衷。他少有大志，决心做良相，为民谋福，平日所学所长，皆为治国安邦之道，与北宋初年以诗赋及记诵为主的考试内容及方法，定然会南辕北辙。尽管他有经世济民的真才实学，也极可能考不中。范仲淹在睢阳学舍又学习三年后，才荣登进士。

范仲淹在崇政殿参加殿试，看见了年近五旬的皇帝宋真宗，实现了"异日见之未晚"的预言。是年殿试，赋题《置天下如置器》，诗题《君子以恐慎修省》，论题《顺时知微何先》。宋初沿袭唐制，考试内容有诗赋、贴经墨义、策论。诗赋最为重要。范仲淹通过自己的考试实践和长期考察分析认为："……而国家乃专以辞赋取进士，以墨义取诸科，士皆舍大方而趋小道，虽济济盈庭，求有才有德者十无一二。"他深刻意识到科举必须改革，"教以经济之业，取以经济之才"。所谓"经济"，即经世济民，治国安邦。科举考试取的是治国人才，而不是诗人，考试内容应以策论为主。所谓贴经墨义的考试皆为记诵之学，相当于今天的名词解释、填空题之类，对经义并不理解，更无深入研究。范仲淹试图将学校教学、科举考试、经世治国三者联系起来，建立以学校为主体、科举考试为手段、社会人才需要为目的的教育体制。

范仲淹考中进士后，参加了皇帝赏赐的御宴，并且披红挂花，骑马游汴京，可谓"春风得意马蹄疾，一日看尽长安花"，风光无限。

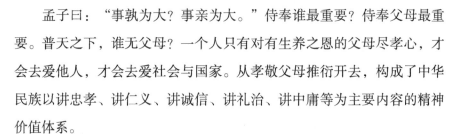

事亲为大

孟子曰："事孰为大？事亲为大。"侍奉谁最重要？侍奉父母最重要。普天之下，谁无父母？一个人只有对有生养之恩的父母尽孝心，才会去爱他人，才会去爱社会与国家。从孝敬父母推衍开去，构成了中华民族以讲忠孝、讲仁义、讲诚信、讲礼治、讲中庸等为主要内容的精神价值体系。

范仲淹考中进士，被授为广德军司理参军，他决定要做的第一件事就是先安排把母亲接过来奉养。当时与范仲淹一起赴举的同窗劝他先去广德赴任，然后再派人去接他母亲。范仲淹说："五年前，辞母离家的情景宛在目前，相约十年接母奉养的承诺犹在耳际。我要把喜讯尽快告诉自己日夜惦念的母亲，我要让母亲尽快结束悬念游子度日如年的煎熬。我与母亲相约十年，现在才五年，我怕母亲不相信，我要亲自回去接母亲。"

回到千里之外的长山朱家，一见到面容憔悴、双目深陷的母亲，范仲淹不禁肝肠寸断、痛彻心扉。这时他的继父朱文翰早已因病去世。他告诉母亲已考中进士，已经做官，要接母亲去应天府安家奉养。至于在南都五年的寒窗苦读生涯，他只字不提，只要母亲与他共享快乐。

范仲淹与异父同母的朱氏兄弟商议，谁先随母亲南去，以便照顾老人，待新家安顿好，其他人可以陆续迁到那里去生活。经过一番细心周到的安排，范仲淹与母亲一行很快踏上了南归之路。在应天府同学朋友的帮助下，他终于把母亲和一位朱氏兄弟安顿在宁陵新家。

乾兴元年（1022），范仲淹任职泰州，经过已故参知政事李昌龄从子李纮介绍，与李昌龄的侄女结成百年姻缘。李氏的老家是应天府楚丘，范仲淹的新家在宁陵，相距不远。范仲淹安排李氏与母亲一同生活。李氏对婆婆非常孝敬，照顾得无微不至。范仲淹对李氏感激不尽，恩爱至深。

天圣二年（1024），范仲淹任兴化县令主持修复捍海堤堰，正当工程进展到艰难的关键时刻，得到母亲病重的消息。尽管公务缠身，但范仲淹还是妥善安排工程事宜后，亲自回宁陵看望和照料风烛残年的母亲。天圣四年（1026），母亲在宁陵病逝，范仲淹悲痛欲绝，立即辞官为母亲守孝三年。范仲淹将母亲先葬在了宁陵。母亲最终安葬何处？自己百年之后归宿何处？是萦绕在范仲淹脑际的颇费思索的问题。

守制期间，范仲淹应晏殊所聘，到应天府书院讲学，他还慕名去

范仲淹故里

了姚崇墓地。放眼四望，北靠万安山，南临曲水河，西望龙门，东眺嵩岳，果真是气聚风藏的宝地。姚崇是唐代武则天、睿宗、玄宗三朝宰相，正直敢言，举贤任能，为开元盛世第一功臣。他与范仲淹有相似的人生经历。姚崇祖籍河南陕县，父亲去世后，母亲改嫁黄姓人家。他当了宰相，曾问母亲：百年之后是否与父亲合葬一处。其母言：人若有灵，纵隔千里也相知；人若无灵，即便埋在一起也枉然。于是，姚崇后来将母亲葬在万安山下。范仲淹受到先贤姚崇的启发，便萌生了把母亲移葬当时河南府河南县（今河南省伊川县）的想法。因为母亲改嫁，肯定不能葬在苏州吴县范氏祖茔。假如将母亲葬在北方淄州长山，认祖归宗恢复范姓的自己又不能与母亲永远陪伴在一起。两难之下，范仲淹决定自立茔地于万安山下。

天圣九年（1031），范仲淹经过缜密思考与安排，决定迁葬母亲，并上书皇帝，乞将磨勘转官恩泽移赠考妣，状云："今为迁奉在迩，未曾封赠父母。窃念臣在襁褓之中，已丁何怙，鞠养在母，慈爱过人。恤臣幼孤，悯臣多病，夜扣星象，食断荤茹，逾二十载，至于其终。又臣游学之初，违离者久，率常殒泣，几至丧明。而臣仕未及荣，亲已不待，既育之恩则重，罔极之报曾无，夙夜永怀，死生何及……乞移赠考妣……"

这篇奏状，字字句句，动情陨泪，道出了范仲淹这位孝子的至诚至爱，令人感佩。

范仲淹认为他一生最遗憾的事就是母亲过世太早。母亲在世，他当官十余年，升迁很慢，官位低，俸禄少，生活过得不宽裕。后来他出将入相，俸禄高了，母亲却永远离开了他。真个是：树欲静而风不止，子欲养而亲不待。后来他给自己孩子的信中说："吾贫时，与汝母养吾亲，汝母躬执爨，而吾亲甘旨未尝充也。"意思是说，在他贫穷时，他与妻子侍奉母亲，妻子亲自掌厨，母亲常常是粗茶淡饭。

百善孝为先，仁以孝为本。范仲淹以孝立身，才使他具有忧国忧民的博大胸怀，为天下生民谋福祉，兢兢业业，终其一生。

自立门户

范仲淹离开淄州长山朱家时，决意自立门户。做官以后，门户到底立在哪里？立在应天府宁陵县（今河南省商丘市宁陵县）。

宋朝官吏的俸禄中，含有职田。"以官庄及远年逃亡田充，悉免租税，佃户以浮客充"（《宋史·职官》）。朝廷内外官员职田，一般都赐封于祖籍。范仲淹职田选在哪里？淄州长山，早已排除在外。祖籍苏州吴县，显然不行，当时他还没有恢复范姓。此时，对范仲淹来说，最有感情的地方是应天府。五年寒窗苦读，在老师、同窗好友的帮助下，他终于步入仕途。应天府不仅是赵宋王朝的发祥地，也是范仲淹个人的发祥地。这里定然有他许多同窗学友。应天府距离京都汴京比较近。他始仕之地广德到京城去，应天府是必经之地，比较方便。依照官职，应天府附近，大抵应是高官要员职田所选，范仲淹仅是九品小官，只能选在较远的地方。当时，应天府辖六县：宁陵、楚丘、虞城、下邑、谷熟、宋城。范仲淹职田选在了宁陵县——很可能同窗好友有在宁陵的，或宁陵当时闲田较多。

范仲淹在外漂泊多年，在自己的职田处安家立户，可以接来母亲奉养。单独接母亲来，谁照顾母亲生活起居？在官署任所短暂时间尚可，时间长了，公务在身，难以兼顾。再者，母亲在长山，已有自己同母朱氏兄弟，母亲单独南来，老人家也不放心。范仲淹唯恐同母异父的朱氏兄弟受歧视，也不放心。范仲淹决定将同母朱氏兄弟接到宁陵，一来可让朱氏兄弟照顾母亲，二来可帮助管理职田事宜。

范仲淹结婚后，母亲、妻子、朱氏兄弟一家人共同生活在宁陵，共享天伦之乐。天圣二年（1024），长子纯佑生。天圣四年（1026），母亲去世，范仲淹持丧在宁陵。天圣五年（1027），次子纯仁生。天圣九年（1031），三子纯礼生。景祐三年，范仲淹第三次被贬，妻子李氏在饶州病逝，三个孩子皆未成人，只好将他们送回宁陵，由朱氏兄弟照顾抚养。范仲淹续娶曹氏以后，才把孩子接到任所。此后，与宁陵朱氏兄弟书信不断，但是范仲淹的家已经随着他的仕宦生涯而漂泊。在哪里做官，哪里就是家，直到他去世，依然是"上无片瓦，下无立锥之地"。

宁陵是范仲淹职田及早期家宅所在地，也是范母谢氏的初葬地、范仲淹孩子的成长地、同母异父朱氏兄弟的定居地。清朝宣统三年（1911）《宁陵县志》有云：范仲淹因家计于宁陵，其异父兄弟朱某者多在宁陵，后公贵，以其田赡之，故与朱氏书每言及焉。范仲淹与朱氏家书有"前日专到宁陵""宁陵家计作何擘画"云云，关心着宁陵家庭的生活状况。九百余年岁月流转，今宁陵县有朱氏后裔的聚居地朱家店，仍有遗存的"朱家井"。据说此井的水很甜，附近的民众当年都饮该井的水，现已干涸不用。据统计，宁陵朱氏后裔现有400余人，编有朱氏族谱，有范仲淹在宁陵生活的记载。

初仕广德

宋真宗大中祥符八年（1015），范仲淹任的第一个官职是广德军司理参军。广德，今安徽省广德县。宋时军为行政单位，略同于下等州。广德军属江南东路，隶广德、建平两县。司理参军是在军节度使属下专门负责犯人申诉和审核案件的从九品官员。同等的官设有录事参军、户曹参军、司理参军。官小，俸禄较薄。

范仲淹初仕广德，为生民造福的夙愿终于有了施展的机会。千里之行，始于足下。他的职责是审理案件，首先认真阅读全部案卷，字斟句酌，一丝不苟。凡有疑点的案件，反复地核对案卷，审慎地思考分析。根据案情疑点，实地考察访问，寻找各种线索，探究实情。为了弄清事实真相，他不辞辛苦，不畏山高路险，走访村镇街巷，请教各色人等。通过广泛深入的实地调查，范仲淹掌握了大量的第一手证据资料。然后，他又亲自对在押的犯人认真询问，仔细辨析其口供的真伪。狱卒与犯人之间的一些纠葛细节，他也绝不放过。凡发现案情有可疑者，坚持重新审理；凡发现冤案，他要求太守予以平反纠正。为此，他常与太守的意见相左。

太守每每自以为是，以权势压人，轻则出言不逊，重则大发雷霆，斥责威胁。但范仲淹刚正不阿，与之针锋相对，据理力争，寸步不让。每次都争得面红耳赤，不欢而散。太守对范仲淹决断公正、执法如山的一腔正气，也无可奈何。内心深处，也不无畏惧。范仲淹回到住处，便将与太守辩论的不同意见写在一面很大的屏风墙上，以便时时省察考究。日复一日，月复一月，两易春秋，到他离任的时候，偌大的一面屏风之上，密密麻麻全写满了字。看到这屏风的人，听说这事的人，无不为之动容，无不为之感动！

可是，天禧元年（1017），范仲淹调离广德时，竟然连路费都没有，只得将自己仅有的财产——一匹马卖掉，徒步赴任。范仲淹走后，狱吏修建怀范亭，以示怀念。范仲淹去世后20年，诗人孙觉知广德军，写诗追记了这段往事，刻于亭中。又过了69年，洪兴祖知广德军，访求

范公遗像，绘而置于学宫，并聘请汪藻撰写了范公祠堂记。汪藻追记范公这段往事后，无限感慨地写道："非明于所养者，能如是乎？"要不是明白自己是百姓所养育，怎么能够做到这样呢？

范仲淹功在广德的第二件大事是：兴学育人。初到广德，他了解到广德学宫极为缺乏，广德子弟求学的风气极为淡薄。他感到十分焦虑，要改变一方水土的落后面貌，就要兴学办教育，使民众知书达理，出现更多的人才。范仲淹在公务之暇，首先在广德城寻到一处房舍，动员一些子弟来读书，他亲自讲课授徒。来学习的子弟，观念迅速转变，有了新的人生追求。没多久，来学习的子弟越来越多。范仲淹又主持筹措资金，兴建了广德学宫，并访求到三位饱学的名士，聘为讲师，在广德兴起了教学育人的洙泗之风。从此之后，广德人进士及第者相继出现。

范仲淹功在广德的第三件事是：留下了一通珍贵的石刻和一首歌颂广德自然风光的诗篇。广德人说，石龙山的长乐洞，早在两汉时期，就是人们的游览胜地，又称"广德埋藏"。范仲淹到广德的第二年，即大中祥符九年（1016）冬天，他邀约广德友朋数人，专程去游览长乐洞。该洞迂回曲折，深邃莫测，洞中有洞，洞洞相通。洞中的钟乳石，千姿百态，神功造化。范仲淹一行借助火把照明，观赏洞内神奇壮观的景色，禁不住惊叹叫绝，真乃人间仙境。出洞后，范仲淹激动不已，欣然命笔，题写了"跫然岩"三个雄浑有力的大字。跫然者，脚步声也。在幽静的洞穴内，人的脚步声显得特别清晰有力，大有空谷足音之感。不久，同去的广德友朋将题词刻在洞内石壁上，上款是"大中祥符丙辰仲冬"，落款是"宋进士朱说"。这件事，范仲淹离开以后，无人提及，后来的《广德州志》没有记载过。明代冯梦龙尽管把"广德埋藏"与钱塘江潮、雷州换鼓、海市蜃楼称为"天下四绝"，大抵因为"朱说"的名字太生疏，无人知晓"朱说"就是范仲淹，所以也没有文字涉及。往事越千年，直到1986年广德人发展旅游业，开发太极洞（即长乐洞），才第一次发现范仲淹的题词石刻，该石刻成了太极洞景区内人们争相观赏的一大景观。这可真是广德埋藏千年的珍宝啊！

广德城东南古代还有一处著名的风景区石溪。《广德州志》介绍，此处"湍流萦纡，清澈可鉴，林谷宛转，状如城郭"。范仲淹在广德期间，忙里偷闲，曾慕名前来。他面对天宝山麓奔腾而下的飞瀑，流连忘返，浮想联翩，欣然写了一首题为《石溪瀑布》的五言律诗：

> 迥与众流异，发源高更孤。
> 下山犹直在，到海得清无？
> 势斗蛟龙恶，风吹雨雹粗。
> 晚来云一色，诗句自成图。

这首五律描绘了石溪瀑布的磅礴气势和壮观景象，收尾淡然着墨，陶然忘机。颔联"下山犹直在，到海得清无"问得奇特而富含哲理，启人深而思之。大浪淘沙，人生长河之规律。只有笑傲风雪的松柏，才能永葆高洁的品格。

范仲淹初仕广德三载，诠释并回答了"下山犹直在，到海得清无"的人生命题：秉公治狱，两袖清风，志在惠民，愿为补天之石。

在广德任上，范仲淹没有忘记五年前对母亲的许诺，便决定迎母奉养。谢氏自范仲淹的继父去世后，不久儿子又远走他乡求学，孤独的心灵只有寄托于长年吃斋念佛，为儿子祈福，求神灵保佑儿子平安。家务的操劳加上挂念儿子的心情，使得她长夜难眠，经常以泪洗面，眼睛哭瞎了，头发也白了。现在儿子回来了，中了进士又做了官，真是悲喜交加，母子抱头痛哭。

范仲淹回到长山，先拜见了乡亲和朱氏长辈，对他们一一道谢，感谢乡亲和朱氏族人对母亲的关照、对自己的养育之恩，又对朱氏兄弟做了一番安排，然后便将母亲接往广德去了。

在广德，母子团聚了。不久，他与参政李昌龄的女儿结了婚。夫人李氏贤德孝顺，夫妻朝夕侍奉母亲。但是母亲在世时，范仲淹一直担任着地方上的小官，家中生活清贫。范仲淹没有能让母亲过上一天好日子，他一直十分内疚，后来他常对子女和家人们谈起这件事。

复姓归宗

宋真宗天禧元年（1017），范仲淹29岁，升迁文林郎，权集庆军节度推官。文林郎为文散官名，职掌著作及校理典籍，兼教授生徒，从八品。"权"为暂时代理。宋代，官职有实授和暂代两种。集庆军，今安徽亳州市。在此期间，范仲淹复姓归宗。

自大中祥符四年（1011）得知自己是姑苏范氏子孙以后，范仲淹便萌生了复姓归宗的最初念头。但唯恐伤害慈母的心，范仲淹一直把这个念头埋在心底。以朱说之名赴南都苦学五年，以朱说之名考中进士，以朱说之名筮仕广德，又以朱说之名接母奉养。母亲现在已经在自己身边，不依靠范氏或朱氏任何人，自己已经完全可以独立地供养母亲，于是决心复姓归宗，走自力更生之路，而且他有自己更多更远的谋划。其实，母亲心里早有打算，未等范仲淹开口，母亲便催促他尽快认祖归宗，复姓归宗。

范仲淹专程赴苏州，跟范氏宗亲商议他复姓归宗的事宜。不料，范氏族人提出异议，采取排斥态度。这时，范仲淹作为从八品小官，很不富裕，他同父异母的三哥范仲温在苏州还有些产业，族人担心和怀疑他恢复范姓后会提出承继产业的要求。最重要的是，他两岁随母改嫁朱氏，改名换姓，一走二十几年，不仅与范氏族人感情淡薄疏远，而且有某种背叛宗族、给范氏列祖列宗脸上抹黑的意味。世俗观念的隔阂太深太大。一时间，范氏族人多不认可。经过范仲淹反复诚恳地说明，自己恢复范姓，只是表明他是范氏血统，今后只有为范氏列祖列宗尽孝道的义务，只有为范氏族人谋福祉的义务，明确而果决地表态：只是恢复范姓，别无他图。最后，苏州吴县范氏族亲终于同意他恢复范姓。

范仲淹已是有功名之人，改名换姓，并非易事。若经皇上恩准，最为简捷，也最具权威。如何述说自己随母改嫁这段身世呢？范仲淹经过深思熟虑，便给皇上上表，要求恢复范姓。在给皇帝的上表中，范仲淹用了一副非常贴切的对联：

> 名非霸越，乘舟偶效于陶朱；
>
> 志在投秦，入境遂称于张禄。

这则对联，用的全是名载史乘的两位范姓先祖的典故。

上联是范蠡的故事：范蠡为越王勾践出谋划策，卧薪尝胆二十年，终于打败吴国，报仇雪耻，并称霸于诸侯。范蠡认为：大名之下，难以久居；且勾践为人，可与同患难，不可同安乐。于是泛舟五湖不返，改变姓名，自称鸱夷子皮。后父子在齐国海滨耕种治产，齐王聘他为相，范蠡叹曰："居家则致千金，居官则致卿相，此布衣之极也，久受尊名，不祥。"他退还相印，将钱财分给邻里乡亲与知己朋友，逃到陶地（今山东定陶附近）。陶为天下中心，便在此做起生意，自称陶朱公。没多久，又致金巨万，天下人都称赞陶朱公，三次迁徙，三次成名于天下。范蠡是一位才智过人且知进退的范氏先祖。

山东邹平范公祠外景

下联是范雎的故事：范雎为魏国人，家贫无以自资，在魏中大夫须贾处做事。与须贾出使齐国，齐王闻雎辩才而赐金十斤及牛酒，雎辞不受。须贾主观认为，雎一定向齐国泄漏了魏国的机密，于是便密告丞相魏齐。丞相大怒，派人打断雎的肋骨，打落他的牙齿。雎装死，被装进草包，丢在厕所，受尽凌辱。后在郑安平与王稽的协助下，逃出魏国，改名换姓，叫张禄，投奔了秦国。他说服秦昭王，采取远交近攻之策，秦国日益强盛起来，他也被拜相封侯，显赫于世。后来，他荐用的郑安平降赵，王稽私通诸侯被杀，情势对他不利，他便自请辞相，举荐蔡泽自代。范雎也是一位历经磨难而奋发有为且知进退的范氏先祖。

范仲淹这副对联，运典精当，用为奇文，实可谓妙手偶得，因而传诵一时。皇帝允准了范仲淹的请求，恢复范姓，名范仲淹，字希文，结束了他以"朱说"为名的生涯。今天的人们可能很难想象与体会，一千年前，在礼教世俗观念的压力下，范仲淹随母改嫁后内心深处难言的苦衷。

从4岁算起，范仲淹用"朱说"之名长达25年之久。在他64年的人生旅途中，朱说这个名字，占据了他五分之二的人生岁月。

第三章

雄心万里

天圣元年（1023），范仲淹任兴化县令，总掌捍海大堤工程。五年后，长达150余里的捍海大堤，历经曲折坎坷，终于修成。

海堤的修复，解决了沿海各州县百姓的海潮之患，保护了泰、海、通、楚四州数十万人民的生命财产和大面积的盐场粮田，召回了流亡在外的三千多户人家。从此，堤东产盐，堤西种田，民众安居乐业了，盐税与田赋收入也增加了。人民感念范仲淹，称捍海堤为『范公堤』，至今遗迹尚在。

漫游燕赵

天禧二年（1018），范仲淹由权集庆军节度推官改任谯郡从事。谯郡，即亳州，归集庆军节度。从事，为州郡长官的属官。在此期间，范仲淹结识了关心民间疾苦的杨日严。杨日严后任转运使多年，兴利除弊，甚为范仲淹敬佩。两人之间的友谊，"甚乎神交"。杨日严廉洁爱民的政风对范仲淹影响巨大，这是后话。

自幼立志愿为良相致君尧舜造福生民的范仲淹，任从事这年已经30岁而立之年仍然担任于国计民生无关紧要的小官，面对着逐渐陷入危机境地的北宋王朝，自己难进一言，真是焦急万分，忧心如焚。他处理完一段公务之后，便打点行装，漫游燕赵去了。

燕赵自古为中国北方边塞军事要地，多慷慨悲歌之士。可范仲淹这次漫游燕赵，非突发思古之幽情，亦非怀着赏山乐水的闲情逸致，而是一次北方边境军备防御的实地考察私访。自后晋儿皇帝石敬瑭割让燕云十六州之后，中原北部的燕赵军事重地，门户洞开，无险可守，契丹铁骑可以轻易南下，饮马黄河，直逼京都，威胁中原。周世宗柴荣时，曾决定先南后北，统一全国，可他在北征契丹的军中突得暴病，赍志而殁。宋太祖建立宋朝后，契丹族建立的辽政权成为北方劲敌。他两次进兵，攻打太原的北汉政权，都因为辽的出兵干预而失败，最终没有实现"一统太平"的目的。

太宗即位以后，于太平兴国四年（979），发动大规模北伐，御驾亲征，消灭了北汉，准备乘机攻辽，收复北方的燕云十六州失地。结果，在高粱河（今北京大兴东）被辽军打败，全军溃逃。辽骑兵追击紧迫，太宗的御用器物及嫔妃全部被掠去，他脱身逃走，大腿上中了两箭，此后每年箭伤都要复发。太平兴国七年（982年），12岁的耶律隆绪即位，辽政权由其母萧太后控制。太宗认为"主幼国疑"，有机可乘，便于雍熙三年（986），分兵三路，大举伐辽。结果，宋军又遭惨败，损失巨大。996年，太宗箭伤又发，立太子，翌年三月病亡。辽军从此步步进逼，不断派兵南下掳掠，北宋无可奈何，只得采取守势。景德元年（1004），萧太后调动二十万大军南下，采取避实击虚的战术，绕过宋军坚守的城池，终于深入到靠近黄河的澶州（今河南濮阳），正面威胁着汴京开封，北宋君臣陷入一片恐慌。一个参知政事主张迁都金陵，一个参知政事主张南迁成都，唯有新任丞相寇准等少数人主张坚决抵抗，并要求宋真宗御驾亲征，凝聚人心，鼓舞士气。宋真宗犹疑不决，寇准言："今敌骑迫近，四方危心，陛下只可进尺，不可退寸。"宋真宗勉强到达澶州。此时，军民集中到几十万人。恰巧，辽军先锋重要将领被宋军射死城下，辽军士气严重受挫。加之孤军深入，补给困难，处境不利，辽军主动要求议和。这下恰巧迎合了宋真宗的愿望，虽然有寇准的反对，还是达成宋辽和议。北宋每年向辽输银10万两，绢20万匹，历史上称为"澶渊之盟"。宋真宗御用文人记事录留下景德元年（1004）十二月十九日"北征凯旋"四字。后来范仲淹曾评述说：寇莱公澶州之役，而能左右天子不动如山，天下谓之大忠。

"澶渊之盟"带来了北宋与辽相对稳定的局面，并在易州、雄州、霸州、沧州等地设置榷场，进行边境贸易。十几年过去了，承平日久，北宋与辽边境的军备松弛，隐患也日趋严重，引起了以天下为己任的仁人志士的深切忧虑，范仲淹便是其中最典型的代表人物。

赵匡胤陈桥兵变黄袍加身以后，为消除唐朝安史之乱以来藩镇拥兵自重的弊端，矫枉过正，实行了一系列削藩措施，杯酒释兵权，让武将功臣高薪无权。设枢密院，为最高军事机关，管军队调动；由三衙管军事训练；将领则由皇帝临时指定，实行彻底分权，兵不知将，将不知兵，削弱了军队的战斗力。兵员实行募兵制，大灾之年择灾民、罪犯为兵，60岁退役，在军中30至40年，这样的兵根本不能打仗。怎么办？不断招募。到仁宗时，兵卒已由开国之初的20万增加到了120万，军费开支已占朝庭收入的六分之五，形成了严重的"冗兵"问题。

范仲淹到燕赵宋辽边境，将边疆民众的生产生活状况、将帅与士兵的军事素养状况、军事设施状况等，都一一考察得明明白白，了然在胸。漫游结束，他万千感慨，一腔激愤，化成了一首抒发心志的《河朔吟》：

太平燕赵许闲游，三十从知壮士羞。

敢话诗书为上将，犹怜仁义对诸侯。

子房帷幄方无事，李牧耕桑合有秋。

民得袴襦兵得帅，御戎何必问严尤。

太平燕赵，燕赵非太平也。这哪里是闲游？面对危机日深的宋辽边境，自己年已三十，还是个"从知"的小官，满怀报国之诚、益民之心的壮士，现在唯有一个"羞"字！朝野上下需要明白：只有满腹诗书、践行仁义的人才能成为真正的上将，才能真正懂得如何防守边疆，协和万邦，造福于生民。范仲淹此时的心目中，以谁自况，以谁自许，以谁为偶像呢？那就是"汉初三杰"之一的张良。张良是深明韬略、文武兼备、足智多谋的"智囊"。为报家国之仇灭秦，为刘邦夺取天下，在秦汉之际历史舞台上导演了一幕幕光彩夺目的剧目，成为运筹帷幄之中、决胜千里之外的风云人物。李牧是战国名将之一，赵国人。他一生活动分为两个阶段：一是前期在赵国北部边境，抗击匈奴；二是后期在朝中参与政治军事活动。终其一生，主要是作为武将活跃在战国时期的历史舞台上。约在赵惠文王时期，李牧守边雁门郡，抗击抵御匈奴入侵：根据实战需要，设官吏僚属，课税由幕府掌握为军费；厚待士卒，每天宰牛犒赏士卒；天天教练士卒骑射技术，提高战斗力；严格防守，坚固城池，挑选人员侦探敌情，随时发出报警信号。他与军民约定：一旦匈奴入侵，未得出击命令，一律速将人马物资全部退入堡垒固守，不得出战，违令者斩。坚持数年，军队无一伤亡，民众照常耕田织布，无丝毫损失，竟形成了一支装备精良、素质极高的边防军。匈奴以为李牧胆怯，赵国军中也有人如是说。赵王听信传言，责备李牧。李牧不理睬，激怒赵王，另派人代替了李牧。新将领连连出兵，连连失利，损失惨重。边民不能正常耕种放牧。赵王只好再请李牧出守，李牧坚称有病不受。赵王再三聘请，李牧云："王必用臣，必如前，乃敢奉命。"赵王应允，李牧一如既往，仍采取"坚壁清野"之策，使匈奴数年一无所得。军卒长期得到厚养而未能效力，纷纷要求一战。李牧精选战车1200乘，精骑13 000匹，勇士5万人，射手10万人，演练战术。放纵边民放牧，引诱敌人。匈奴小股入侵，李牧命令佯败而走，让匈奴占点小便宜。匈奴单于组织大军入侵，李牧设奇阵，诱敌深入，两侧包抄，歼敌十余万，单于落荒而逃。尔后十几年，匈奴不敢接近赵境。李牧后期入朝后，打破秦军，封武安君。秦再次攻赵，李牧又破秦军。后来秦施离间计，李牧被害。赵王自毁长城，赵国终于灭亡。

范仲淹认为，如今的赵宋王朝，正需要张良、李牧这样的能臣良将。民众有了能臣，就会丰衣足食；军队有了良将，就会固若金汤。如何防御北方游牧民族入侵，也就不必询问王莽时期的大司马严尤。王莽执政时，曾调集三十万军队、三百日军粮，彻底扫荡匈奴。当时严尤多次上书劝谏不可行。王莽一意孤行，最终以乱局失败告终。很显然，张良、李牧是自己心目中的理想偶像，并以此自许。20多年后，范仲淹担任守边将帅的光辉业绩，也确实验证了《河朔吟》中的自况自许。

　　天禧二年（1018）秋八月，范仲淹呈进《皇储资圣颂》，陈述自己的政治理想与主张，开始探寻治国平天下的仕进之路。

雄心万里

　　天禧三年（1019），范仲淹31岁，授官秘书省校书郎。秘书省，监掌古今经籍、国史、实录、天文、历数等。校书郎，秘书省属下的从八品小官，负责校勘书籍，订正讹误。范仲淹虽加此小官，但实未到任，仍守官集庆。翌年，范仲淹短期去京城秘书省校勘书籍，了解了大量朝廷内部信息，很快又返回集庆。天禧五年（1021），朝廷调范仲淹到东海之滨的泰州，担任西溪盐仓监官，他内心深处不悦，觉得升迁太慢，距离自己想成为良相的宏图大志，太遥远了。自己一腔报国的热血赤诚向谁倾诉呢？治国平天下的浑身解数何处施展呢？

　　西溪盐仓监，地方僻远，官职卑小，但对范仲淹的心理冲击却特别巨大。在范仲淹之前，从泰州西溪已经走出了两位名冠朝野的京官大员晏殊和吕夷简。

　　晏殊（991—1055），字同叔，临川（今江西抚州）人。7岁能写文章，被誉为"神童"。景德初年，张知白巡视江南时，将14岁的晏殊举荐给真宗皇帝。真宗让晏殊与一千余名进士同场参加廷试，晏殊镇静自如，援笔立成。真宗嘉赏，赐同进士出身。复试诗、赋、论，一见题目，晏殊奏曰："臣尝私习此赋，请赋他题。"皇帝喜爱他诚实不欺，授予他秘书正字的官，让他在秘书省读书。此后升任太常寺丞、左正言、昇王府（昇王即后之仁宗）记室参军、户部员外郎、太子舍人、知制诰、翰林学士等。晏殊曾外放西溪盐仓监官。晏殊在西溪任上，当地许多人慕名前来听他讲学，大兴讲学之风，后人建晏溪书院以志纪念，西溪又称晏溪。

据说，晏殊就是在西溪写出了其名作《浣溪沙》："一曲新词酒一杯，去年天气旧亭台。夕阳西下几时回。无可奈何花落去，似曾相识燕归来。小园香径独徘徊。""无可奈何花落去"，何其无情；"似曾相识燕归来"，又何其有情！两句对法之妙，词坛无双。

第二位来西溪盐仓任监官的便是吕夷简。吕夷简（978—1043），字坦夫，寿州（今安徽寿县）人。西溪人酷爱种植牡丹，吕夷简手植一株上品牡丹，护以朱栏，避免人们随意攀折。每春开花数百朵，娇艳无比，一时成为西溪盛事。吕夷简有一首咏牡丹的七绝云："异香浓艳压群苑，何时栽培近天涯？开向东风应有恨，凭谁私入五侯家。"隐隐吐露其怀才不遇之怨。真宗末年，晏殊与吕夷简都已经是名满天下的重臣。晏殊到康定

吕夷简画像

年间，便成为宰相。吕夷简在仁宗即位以后，进为右谏议大夫，迅即升为同中书门下平章事，即宰相。西溪人相传的"谁道西溪小，西溪出大才；参知两丞相，曾向此间来"的歌谣，虽系后人附会范仲淹所赋，其实这首歌谣既道出了西溪人真切的自豪感，也从侧面点明了范仲淹初上任时复杂的心情。范仲淹所赋《西溪书事》云：

卑栖曾未托椅梧，　敢议雄心万里途。

蒙叟自当齐黑白，　子牟何必怨江湖。

秋天响亮频闻鹤，　夜海瞳眬每见珠。

一醉一吟疏懒甚，　溪人能信解嘲无？

　　西溪，"卑栖"之处，并非凤凰所托所恋的梧桐。我有胆量和能力议论天下大事。雄心万里，壮志难申。按说，像庄周蒙叟那样，黑白齐一，顺其自然，倒也逍遥自在，可自己偏偏是身在江湖、心存魏阙的子牟。鹤鸣九皋，声闻天下，他山之石，可以攻玉。夜海明珠，朦胧可见，那是瑞兆，那是希望。表面看，"一醉一吟疏懒甚"的样子，实则是自我解嘲内心的酸楚。西溪人能知道吗？能相信吗？

　　范仲淹报国心切，不能再等待了，于是投石问路，毛遂自荐。在西溪盐仓的第二年，即乾兴元年（1022）二月，真宗皇帝去世，仁宗即位，举荐神童晏殊的张知白进为尚书右丞、枢密副使。这年十二月，范仲淹做出了一次大胆的举动，作《上张知白右丞书》。这篇洋洋千言的自荐信，开篇设定标准，"某闻先知觉后知，先觉觉后觉，伊尹之心也"。伊尹助商汤灭掉夏桀，平定海内。商汤卒后，又辅佐太子太丁，太子之弟外丙，外丙之弟中壬。中壬卒后，又辅佐太丁之子太甲即位。但太甲暴虐乱德，伊尹把他放逐到桐宫去。太甲居桐宫三年，悔过自新，伊尹便又将太甲迎回来，授政于他。若有商汤名相伊尹之心，那就会"贤贤相与"，贤人相互尊重，相互举荐提携，共同为国效力，为民谋福。反之，就会"贤贤相废"，贤人相互攻击诋毁，就会使大家废置不用，乱国害民。当今求阿衡（伊尹之字）之才之道，非右丞莫属。张知白为官清廉，任贤荐能，确实令时人所称颂。信中说右丞"文以鼓天下之动，学以达天下之道""能轻人之至重，易人之至难""道清朝廷，名高泰山"。天下之士，仰望右丞。范仲淹自荐说，自己"慨

然有益天下之心，垂千古之志"，可当世的大君子，认为我是"雕虫小技"，"而怜之者有矣，未有谓某之诚可言天下之道者"。已过而立之年的范仲淹，"今复更于海隅葭菼之中，与国家补锱铢之利，缓则罷咎，猛且贼民，穷荒绝岛，人不堪其忧，尚何道之可进"？怀才不遇的现实处境及不被人所理解认可的一腔怨气，从字里行间倾吐出来。范仲淹愿拜于右丞门下，做点事情，我范某还是懂得"稼穑之难、狱讼之情、政教之繁简、货殖之利病"的。假设让我有施展才干的机遇，定然会"有益于当时，有垂于将来"的。书信最后说，当年郭隗以小才而受大遇，则燕昭王求贤任贤之美名，至今世人称道。当年黄石公让张良到桥下给他拾鞋，又让张良跪着给他穿鞋（所谓跪履），而终于授孺子张良帝师之道。希望右丞就是当年的黄石公，范仲淹愿以张良为榜样，建树"运筹策帷幄中，决胜千里外"的子房之功。

 泰州筑堤

志存高远的范仲淹，报国心切，满怀希望地写了自荐信《致张右丞书》，然而却石沉大海，毫无回应。范仲淹并不灰心，其《西溪见牡丹》诗云：

阳和不择地，　海角亦逢春。
忆得上林色，　相看如故人。

牡丹不择地为春，人也可不择地为官，即使天涯海角，也要有所

作为。

从汉朝起，盐就是官府所专营。从唐至清，盐赋收入占国家收入的三分之一以上，盐为朝廷的重要经济命脉，可谓举足轻重。古云：国家财富，盐利为盛。淮盐又占全国盐赋总收入的一半以上。泰州一带，海水含盐量高，海盐产量一向为淮盐之冠，西溪则被誉为"天下海盐仓"。所以，北宋朝廷多派进士及第的京官来此任盐官。西溪盐仓监，相当于盐务管理所所长，管辖东台境内各个盐场，责任相当重大。范仲淹在巡守盐田盐仓的同时，深入泰州、楚州（今淮安）、通州（今南通）、海州（今连云港）一带，考察社情民意。煮海水煎盐的灶户，在茫茫的数百里海滩上，星罗棋布，柴草浓烟，遮天蔽日。盐民生活很苦，盛夏酷暑，更是苦不堪言。明代盐民诗人吴嘉纪《绝句》云："白头灶户低草房，六月煎盐烈火旁。走出门前烈日里，偷闲一刻是乘凉。"如今，沿海四州的盐民农户愈加困难，泰州尤甚。这里几乎年年遭受海潮祸患。每年秋天，海潮泛滥，如遇大风，潮水咆哮怒吼，扑向海滩，冲毁盐田盐灶，冲毁庄稼农舍，甚至伤及人畜性命。潮水过后，粮田碱化，米豆无收。百姓无以生计，被迫流落他乡的已有三千余户。针对海潮侵袭，唐代曾修筑了一条捍海堤堰，堤东产盐，堤西种粮，防止了潮患，民众生活安康自足。可历经唐末及五代战乱，年久失修，原捍海堤堰多半颓坏，致使海潮重新肆虐泛滥。当地多数民众，渴望复修捍海长堤。"及观民患，不忍自安"（引自《上吕相公并呈中丞谘目》）的范仲淹通过深入考察，确认海潮泛滥是泰州一带民众的主要灾难，再也按捺不住为民兴利除弊的急切心情，决心越职言事，专程赶往泰州，找到淮南发运副使张纶，提出重修海堤、增置盐田、改造农田、召回流民的建议方案。张纶十分欣赏这位敢言敢为的下属范仲淹，当即表示支持。可重筑海堤引起不同意见的争论，持海堤易造成内涝观点的一派人极力反对。张纶力排众议云：涛之患十之九，潦之患十之一，护九而亡一，不亦可乎！他上书朝廷，并推荐范仲淹任兴化县令，全面负责修筑海堤工程。工程浩大，涉及四州，民工四万余人，张纶又安排时任泰州军事推官的滕子京参与协助指挥。

天圣元年（1023），宋仁宗即位，范仲淹任兴化县令（正八品），总掌捍海堤工程，积极筹备工程启动的有关事宜。从天圣二年至三年（1024—1025），范仲淹全力以赴投入海堤工程。顶严寒，冒酷暑，日夜奋战在工地，以身作则，身先士卒，严控工程质量，关怀民工生活。工程进展顺利，打下了坚固的基础。不料，天有不测风云，秋冬之交的一天，北风怒吼，寒流突至，雨雪冰雹混作。晚上，海潮陡涨，铺天盖地。数万民工在百里大堤上无处可躲，许多民工四处奔逃，官员制止不住，也跟着乱跑。这时，协助指挥的滕子京临危不惧，神色镇定，晓之利害，果断指挥，迅速稳定了局面，成为主帅范仲淹危难时刻的最有力助手。范仲淹暗自称赞同年滕子京为"非常之才"，而"心爱焉"，结为终生莫逆之交。

风雪之夜，海潮卷走了慌忙中未来得及撤离的一百余名民工，也冲

江苏盐城范公堤遗址

毁了部分工程。原来的反对派一时甚嚣尘上，流言谎称死人上千，更有人上书请求罢修。朝廷立即派人下来调查，幸亏张纶从中解释情况，辨明是非，但对是否继续修筑仍举棋不定。皇帝又诏令淮南转运使胡令仪实地察访，秉公议决是否复工。胡令仪曾在东台担任过县令，非常清楚泰州海堤的重大作用。他亲自征询范仲淹意见，范仲淹反复陈述利弊，权衡得失，坚持复工修筑海堤，不可半途而废，不能因噎废食。胡令仪非常赞成范仲淹的主张，向朝廷汇报了范仲淹的益民苦心及功绩，并建议必须复工。

天圣六年（1028）七月，长达150余里的捍海大堤，历经曲折坎坷，终于修成了。

海堤的修复，解决了沿海各州县百姓的海潮之患，保护了泰、海、通、楚四州数十万人民的生命财产和大面积的盐场粮田，召回了流亡在外的3000多户人家。从此，堤东产盐，堤西种田，民众安居乐业了，盐税与田赋收入也增加了，利国利民。张纶和胡令仪都因筑堤有功而升迁。倡导筑堤并在初始阶段打基础的是范仲淹，竭力奏请朝廷批准复工的是胡令仪，最后亲临指挥完工的是张纶，当地民众在东台建"三贤祠"，纪念他们。人们把主要功劳记在范仲淹身上，特称捍海堤为"范公堤"，号称"华夏第一堤"。

当地还有不少人怀着对范仲淹的崇敬心情，自愿改为"范"姓。可见民众对"求民疾于一方，分国忧于千里"的为官者是何等的期许。因为范仲淹深刻影响了历史，范姓也成了北宋以来人们特别敬重的姓氏。

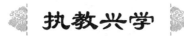

执教兴学

天圣四年（1026）八月，捍海堰工程还未竣工，突然传来"母丧应天府"的噩耗，范仲淹不得不辞官回应天府为母亲守丧。

与范仲淹同榜进士应天府知府蔡齐、新任南都留守晏殊，见应天书院缺少良师讲学，又得知范仲淹在应天府守丧，便聘请他到书院主持工作。应天书院是范仲淹10年前读书成长的母校，他当然十分愉快地接受聘邀，并勤劳恭谨，以身作则，白天没有讲完，还常常利用夜间授课，还提灯巡查员生宿舍，对员生问暖问寒，解答学习中的疑难问题。

范仲淹总结书院先师戚同文的教学经验，为书院制订了一系列的学规，提出了"读书次序"和"为学次序"，严格要求生徒学习遵循。基本课程是儒家经典《诗》《书》《易》《乐》《礼》《春秋》。他说："夫善国者，莫先育才；育才之方，莫先劝学；劝学之道，莫尚宗经。"范仲淹认为"六经"乃是"传治国治人之道"，是学习的根本。而当时教育与科举的状况却是"专以辞赋取士，以墨义取诸科，士皆舍大方而趋小道，虽济济盈庭，求有才有识者，十无一二"，学习与考试内容舍大取小，舍本逐末。官学以应试教育为主，助长了生徒投机钻营与醉心名利等不良风气。"天下危困，乏人如此，将何以救？在乎教以经济之策，取以经济之才"。培养经世济民的人才既是急务，也是根本。

在培养"经济之才"的总要求下，培养各种专业人才。每个生徒各选一门专业，另外再兼学一门专业。课程设置主张"学以致用"，提倡实地考察。选用人才，要求德才兼备。他每次都向学生们强调，不可把科举仕进作为求学的最终目的，要以天下苍生为念。

在教学过程中，范仲淹坚持生徒自学为主，教师指导为辅。他认为，读书是为了"穷理"，穷理必须经过自己的思考、探求，深思默想，自我钻研，自我体悟。因此，他主张教师讲课，要提纲挈领，不提倡逐字逐句地串讲解读，只给生徒提示，启发诱导生徒自己思考，再由生徒提出疑难问题，教师针对性地解疑释惑，或与生徒互相讨论。他提出"为学之序"，要学、问、思、辨四者结合，最终落实到"行"上。

为了便于集中精力执教，范仲淹亲自搬到书院食宿。他为生徒制订了一套作息时间表，按时训导督促生徒学习。夜晚，他经常深入宿舍，检查责罚那些偷懒嗜睡的生徒。每次给学子命题作文，他必定自己先写一篇，亲自掌握题目的难度和重点，使学子迅速提高了写作水平。对来求学的人，不限年龄、地域、身份，不论贫富贵贱，一视同仁，热诚相待，总是循循善诱，诲人不倦。应天府书院的学风与校风，在范仲淹的言传身教下，焕然一新。就读者、问业者，从四面八方，络绎而至。范仲淹出身寒微，他有自觉吃苦、自我磨砺心志的经验，因此对家境贫寒的生徒，特别热情关照，鼓励他们苦学成才，并经常拿出自己微薄的俸禄资助他们。

一次，范仲淹带着家仆王升来巡看外地员生的宿舍。光线暗淡的破屋中，五六位贫苦的外地员生正围坐在一张破木板桌旁，就着咸菜吃粥。其中两人身上衣服单薄，冷得瑟瑟发抖。薄板门被轻轻推开，门外走进身披布斗篷的范仲淹，他身后跟看家仆王升。学生们慌忙放下粥碗，口称"先生"，垂手而立。

范仲淹走进屋子，朝大家连连摆手道："快吃，快吃，饭要凉的。"看到每人碗里的是薄汤粥，又看到学生们衣着单薄，他难过得叹息。他招手叫王升过来，凑近他耳边轻轻吩咐了几句。王升点点头，便走出门

去。范仲淹与大家围坐在桌子边，深情地说道："你们读书真不容易，不过'天将降大任于斯人也，必先苦其心志，劳其筋骨'，人贵有志，贫贱不移，方能大有作为。"范仲淹站起，环顾众学生，继续激动地说道，"应举前，我寄居僧寺读书，早晨烧一盂粥，凝结后画成四块，早顿两块，晚顿两块，终日间饥肠辘辘，三年之间，天天如此……咳，粥要凉了，大家快吃吧。"说罢，对众生点点头，开门而去。

学生们刚端起粥碗，门又被推开，仆人王升肩上扛着一袋粮食，手里拎着一个布包走进屋里。他向大家拱了拱手说："这是老爷叫拿来的，"他把粮袋放在地上，又把布包放在桌上，打开包裹，里面露出几件衣服和几吊铜钱，"让诸位御寒，老爷说，读书辛苦，往后别喝稀粥了……"众学生激动得热泪盈眶，不知说什么好。

一天，书院里来了个秀才。这秀才衣衫褴褛，面露饥色。他请求范仲淹给予帮助，范仲淹当即拿出自己的钱给他他。一年后，这秀才又来，范仲淹又给了他一些钱，然后问他为什么这样。秀才凄然地说："家有老母无以为养，自己又想读书，不得已只好抽空出来奔走生计，假如

位于河南商丘的应天书院

我每天能有百钱的收入，就可以安心求学了。"范仲淹听了很受感动，见他家贫笃学，求知心切，是个有作为有志向的青年，便答应在学校里给他安排个职务，每月可收入三千钱，这秀才便留下来了。

他一边工作，一边学习，跟范仲淹学"春秋"。他学习认真又很勤苦，夙夜不懈。范仲淹服满三年丧期复职的时候，这秀才也回家去了。后来泰山出了个专门研究"春秋"的儒学大师孙复，就是当年受范仲淹资助的那个秀才。

范仲淹与孙复在应天府书院这一次因缘机遇，不仅改变了孙复的命运，而且也是北宋前期儒学复兴的一个重要契机。孙复科举不第，退居泰山，聚徒讲学。讲学徂徕的石介，率弟子拜孙复为师。海陵胡瑗也至泰山，三人切磋同学。后来三人成为南北讲授儒学之重镇。范仲淹荐举孙复于朝廷，授秘书省校书郎，任国子监直讲。石介进士及第，"入为国子监直讲，学者从之甚众，太学由此益盛"（《宋史·石介传》）。范仲淹以胡瑗通晓音律举荐于朝，"白衣对崇政殿"，授秘书省校书郎，任国子监直讲，"瑗既居太学，其徒益众，太学至不能容，取旁官舍处之"（《宋史·胡瑗传》）。清代学者全祖望云，胡瑗门下弟子，先后达1700多人。

魏晋至隋唐，儒学衰微，佛学日盛。到宋代，峰回路转，柳暗花明，太祖太宗两朝，崇尚斯文，真宗仁宗两朝，设教崇学，复兴儒学，开启宋明儒学六百年兴隆之运，其中范仲淹当居首功，应是北宋前期复兴儒学的第一人。范仲淹与宋学之关系、在宋学中的地位与作用，学界一直未予足够重视。北宋前期儒学复兴的传承脉络是：戚同文掌门睢阳学宫，导乎先路；范仲淹得先师戚同文之真传，言传身教，卓然而立，开创新局面；至宋初三先生，即泰山先生孙复、徂徕先生石介、安定先生胡瑗（远祖世居安定，今甘肃泾川以北），儒学复兴已蔚然而盛。

干犯天威

天圣二年（1024），范仲淹以秘书省校书郎升迁为大理寺丞，开始步入京官行列。大理寺为掌管刑狱的官署，职责为对各地上报的重大案例与审刑院进行审查复核，共同署名上奏朝廷。经常参加断狱的（专职）称为正丞，不经常参加断狱的（兼职）称为丞。大理寺丞为正八品。对范仲淹来说，实为虚衔，此时仍为兴化县令。天圣三年（1025），37岁的范仲淹，面对皇帝年幼、皇太后垂帘听政、宦官专权而隐患日重的局面，再一次忍耐不住心急如焚、忧患如火的煎熬，直接上书皇太后与皇帝，这便是四月二十日的《奏上事务书》。

此书开篇即以咄咄逼人的语势，亮出"干犯天威"的忠心与胆识："臣闻巧言者，无犯而易进；直言者，有犯而难立。然则，直言之士，千古谓之忠；巧言之人，千古谓之佞。今臣勉思药石，切犯雷霆，不遵易进之涂，而居难立之地者，欲倾臣节，以报国恩。耻佞人之名，慕忠臣之节，感激而发，万死无恨……况臣之所言，皆圣朝当行之事而未之行者"。

其一，救文弊。北宋初年，晚唐五代浮华淫靡的文风笼罩文坛，道德风尚，江河日下。柳开等人举起韩愈古文运动的旗帜，反对以西昆体为代表的浮靡文风。至仁宗朝，范仲淹再次大声疾呼，匡救文弊。范仲淹深通《易经》，他指出："易曰：穷则变，变则通，通则久。"变通，即变革之道。对华而不实、轻内容重形式的文风，他主张必须改革，倡导文以致用，有益教化；文风要质朴，反对追求辞藻堆砌典故。

范仲淹是北宋诗文改革的开创者之一。

其二，修武备。范仲淹以孔子"文武之道，相济而行"为宗旨，列举唐玄宗"太平日久，人不知战，国不虑危，大寇犯关，势如瓦解"的惨痛教训，规劝朝廷要"防之于未萌，治之于未乱"，"故善安身者，在康宁之时，不谓终无疾病，于是有节宣方药之备焉；善安国者，当太平之时，不谓终无危机，于是有教化经略之备焉。"范仲淹进而明确指出："今天下休兵余二十载，昔之战者，今已老矣；今之少者，未知战争"，设若"衅端忽作，戎马一纵""再扣澶渊"，能有当年真宗朝寇准那样的社稷大臣吗？"未知果有几将，可代长城"？希望恢复唐朝武举旧制，选拔良将，训练壮士，居安思危，有备无患。

其三，整顿吏治。文经武纬，要有大批贤良的官吏方能实现。故范仲淹要求整顿吏治。首先，重三馆之选，为国储才。唐兴之时，特开馆殿，招揽房玄龄、杜如晦、虞世南等十八学士，"以论道经邦而成大化"，成就了唐初"贞观之治"。其次，广开言路，赏劝直谏。批评皇帝"临政以来，未闻旌一谏员，赏一御史"，如此下去，"以进药石为虚言，以陈丝发为供职"，将令谏官御史之徒，尸位素餐，非国家之福。再次，改革赏延过滥。居近位之人，"岁进子孙，簪绂盈门，冠盖塞路，贤与不肖，例升京朝"，导致"官乱与上，风坏与下"，文武官吏"贪者益励其爪牙，廉者悉困于寒饿"，黑白颠倒，官场腐败。

其四，以德治国。"以德服人，天下欣戴；以力服人，天下怨望"，劝皇太后皇帝"日崇圣德，以永服天下之心"，要仁民爱物，节俭勤政，赏罚分明，"舍一心之私，从万人之望，以示天下之公也"。

纵观天下兴亡局，尽在朝中用佞贤。范仲淹在书中写道："自古帝王，与佞臣治天下，天下必乱；与忠臣治天下，天下必安。"分辨佞贤，至关重要。"忠臣骨鲠而易疏，佞臣柔顺而易亲。柔顺似忠，多为美言；骨鲠似强，多所直谏。美言者得进，则佞人满朝；直谏者见疏，则忠臣避世。二者进退，何以辨之？但日闻美言，则知佞人未去，此国家之可忧也；日闻直谏，则知忠臣左右，此国家之可喜也。"

最后，范仲淹说：治理天下，不外乎外防夷狄，内防奸邪。二者相比较，奸邪之害甚于夷狄之患。因此，杜奸邪，"此致理之大本也"。真诚规劝皇太后皇帝，要"纳远大之谋"，不要听"浅末之议"，以免乱政。"纳群臣之言"，不可偏听偏信，更不能独断专行，才能纲举目张，而成圣道。

范仲淹爱民心诚，报国心切，故"揽前王之得失，究圣朝之取舍，因敢罄而陈之"。

冒哀上书

"树欲静而风不止，子欲养而亲不待也。"（《韩诗外传》卷九）范仲淹前半生最挂念的是母亲，母亲过早去世，令他抱恨终生。但他绝不走当年齐国孝子皋鱼辞官绝世之路。"盖闻忠孝者，天下之大本也。其孝不逮矣，忠可忘乎？此所以冒哀上书言国家事，不以一心之戚而忘天下之忧，庶乎四海生灵长见太平。"范仲淹将个人伤痛忧思而迅速升华为忧国忧民的境界，以超乎常人的政治眼光，以刚直不阿的胆识，破除守丧不言国事的禁律，在天圣五年（1027）冒哀向丞相府上万言书，这便是范仲淹作为一代政治家的扛鼎之作《上执政书》，比庆历新政早16年，比《岳阳楼记》早18年。

万言书以《易》"穷则变，变则通，通则久"的辩证思想为理论依据，非知变者，绝对不能长久。为什么？北宋王朝的社会现实是："今朝廷久无忧矣，天下久太平矣，兵久弗用矣，士曾未教矣，中外方奢侈矣，百姓反困穷矣。朝廷无忧则苦言难入，天下久平则倚伏可畏，兵久弗用则武备不坚，士曾未教则贤才不充，中外奢侈则国用无度，百姓困穷则天下无恩。苦言难入则国听不聪矣，倚伏可畏则奸雄或伺其时矣，武备不坚则戎狄或乘其隙矣，贤才不充则名器或假于人矣，国用无度则民力已竭矣，天下无恩则邦本不固矣。"

范仲淹立足于居安思危，防微杜渐，磐固国本，明确提出"固邦本，厚民力，重名器，备戎狄，杜奸雄，明国听"等十八字改革大计，具体改革方案为：举县令，择郡守；复游散，去冗僭；慎选举，敦教育；育将才，实边郡；上无过，民无怨；保直臣，斥佞人。

举县令，择郡守，救民之弊，乃为改革的核心环节。基层官吏的好坏，直接关系着民众的祸福和国家的兴衰。眼下真实情况如何？书中揭露道："某观今之县令，循例而授，多非清识之士。衰老者为子孙之计，则志在苞苴，动皆徇己；少壮者耻州县之职，则政多苟且，举必近名。故一邑之间，簿书不精，吏胥不畏，徭役不均，刑罚不中，民力不作，民害不去，鳏寡不恤，游惰不禁，播艺不增，孝悌不劝。以一邑观之，则四方县政如此者，十有七八焉，而望王道之兴，不亦难乎！"郡守呢？整日无所用心，崇尚迎来送往，贪图安逸享乐，攀高结贵，趋炎附势，徇私贪黩，造成"官吏素餐，民则菜色"的恶劣局面。吏治腐败，隐患日重，到了不改不可的地步。

复游散，去冗僭，以厚民力。今天下六民（士、农、工、商、缁、黄），"浮其业者不可胜纪，此天下之大蠹也"。游手好闲的人太多，皆衣食于农，农能不困穷吗？自大中祥符五年（1012）开始，真宗皇帝以儒、道、释三教合一的方针治理国家，他以宰相王钦若的主张，大搞降天书、封禅泰山、滥修寺观等蛊惑民众。从此，佛徒道众（即缁黄）与日俱增，每建殿塔，蠹民之费动逾数万。裁减僧道寺观，已成为厚民力的首要

之举。其他五民，皆有游散冗僭之积弊，弊不除，民力难厚。

所谓重名器（名器即指国家栋梁之材），就是严格选举，任用贤人，兴办学校，培养人才。只有多办学校，多出人才，才是国家长治久安的根本大计。

所谓备戎狄，就是选拔良将，充实边郡，"置本土之兵，勤营田之礼"。

所谓杜奸雄，明国听，就是让那些敢说真话的人在位，得到重用保护；那些巧言令色说假话的退而不用，使朝廷无过失，民众无怨言，杜绝奸雄弄权致乱的现象发生。

上面所举各项，范仲淹都明确而详尽地提出了具体改革方案，一一从正反两个方面列举历史事实加以说明论证，使之具有极强的可操作性与指导性。

这本万言书中，字里行间激荡着一颗忧国忧民的赤子之心，闪耀着激浊扬清、革故鼎新的思想光芒。苏轼后来评论说："公在天圣中居太夫人忧，已有忧天下致太平之意，故为万言书以遗宰相，天下传诵。至用为将，擢为执政，考其生平所为，无出此书者。"称赞该书可与伊尹、太公、管仲、乐毅、淮阴侯、诸葛孔明的王霸之略相媲美。

范仲淹书中最后规劝相府："劳一夕之思，绝万代之耻"，"为国家安危而思之"。但是，"人未之病，则苦口之药鲜进焉；国未之危，则逆耳之言鲜用焉。故佞人易进，直臣易退，其致君于有道也难哉。……今朝廷久安，苦言而不用者，势使之然矣。"真的让范仲淹言中了！此时皇帝年少，太后执政，相府内正不压邪，范仲淹的改革方案并没有引起重视，更谈不上实行。可是十几年后，边防空虚，西夏入侵，将亡地失，仁宗这时才真正想起了范仲淹的《上执政书》，于是重新启用已三次贬出京城的范仲淹，让范仲淹赴西疆御敌。当西疆安定后，事实验证了范仲淹预见的正确性。庆历三年，擢为参知政事时，范

仲淹《答手诏条陈十事》的改革方案，正是以此书为蓝本，所议各项，皆不超出此奏书的范围。

积贫积弱危机四伏的北宋王朝，终于铸成了"靖康之耻"！《宋史》关于范仲淹的最后结论："自古一代帝王之兴，必有一代名世之臣。宋有范仲淹诸贤，无愧于此。范仲淹初在制中，遗宰相书，极论天下事，他日为政，尽行其言。诸葛孔明草庐始见昭烈数语，生平事业备见于是。豪杰自知之审，类如是乎！考其当朝，虽不能久，然先忧后乐之志，海内固已信其有弘毅之器，足任斯职，使究其所欲为，岂让古人哉！"这是宋史的"盖棺定论"。《上执政书》就是宋版的《隆中对》。

三荐王洙

王洙（997—1057），字源叔，应天宋城（今河南商丘）人。父王砺是戚同文的门徒，进士及第，官至屯田郎中。兄王渎曾执教应天书院。洙家学深厚，自幼又聪悟博学，记忆过人，享名一方。早在景德年间，范仲淹便结识了少年时代的王洙，终其一生，三荐王洙，谱写了一曲为国荐贤、功垂千古的佳话。

天圣二年（1024），王洙中甲科进士，补任舒城县尉。不久被免官，归居南京。晏殊任南京留守，早闻王洙博学多才，为提高书院教学水平，便请他到应天书院任教，并奏请将应天书院升为府学（开北宋官办府学之先例）。天圣四年（1026），晏殊又延请范仲淹主持应天府书院。范仲淹与王洙再次聚首，喜出望外。从此，两人成为志同道合的挚交。不久，朝廷调王洙任贺州富川县（今广西东北部）主簿。范仲淹知悉后，认为如此安排王洙去边远地方任一小小行政长官，不利于发挥他杰出的才能，也将有误于他的前程，便主动去向晏殊建议。恰好晏殊也执意挽留王洙。于是，晏殊便授意范仲淹撰写了《代人奏乞王洙充南京讲书状》，上奏朝廷。奏状中提出："三代圣王，致治天下，必先崇学校，立师资，聚群才，陈正道。"又云："国家崇儒敦古，右文致化，三京五府，多建庠序。"（古崇右，故"右"引申为尊崇之意。学校，殷曰庠，周曰序。庠序泛指学校）所以，范仲淹认为南京为"近辅之郡，宜崇治本"。"素负文藻，深明经义"的王洙，已在书院执教三年，深受学子敬重，恳请朝廷"特与除当州职事官，兼州学讲说"。从全局来权衡，方为"治本"的用人之道。这份奏章，言简意赅，词恳情切，很快获准。王洙在应天府书院教授生徒8年，功莫大焉。欧阳修对其教学艺术有这样一段精辟论述："语言初如不出诸口，已而辨别条理，发其精微，听者忘倦。决疑请益，人人必得其所欲。"

明道二年（1033）四月，范仲淹被宋仁宗召回京都，任右司谏，职责是监察官吏，选拔人才，建言规谏。以为国荐贤为己任的范仲淹，第二次举荐了学富才高的王洙。王洙被召为国子监说书，改直讲。校《史记》《汉书》有功，迁大理评事（参与评断大案要案）、史馆检修（参与编修国史），同知太常礼院。康定元年晋升天章阁侍讲，累迁太常博士同管勾（兼职管理）国子监，预修《崇文总目》，升尚书工部员外郎。修《国朝会要》，加官直龙图阁，权同判太常寺。庆历三年（1043）九月，受命与欧阳修共纂《祖宗故事》，历时1年，成20卷。

正当王洙如日中天大展才华之际，庆历四年（1044）十一月，因为参加苏舜钦一次宴会，被罗织罪名贬知濠州（今安徽凤阳东）。实则是章得像、王拱辰等人搞的一次清洗庆历改革派人物的阴谋活动。凡参加宴会的当世著名文人均遭贬斥。对此，"民以为过薄，而拱辰等方自喜曰：吾一举网，尽矣"。庆历五年（1045），王洙又迁知襄州，途经

邓州，特意拜会故友范仲淹。二人诗酒唱和，感慨良多。范仲淹《依韵和襄阳王源叔龙图见寄》一诗的后半部分"……与君誓许国……洁如凤食竹，乐若鱼在藻。安得长相亲，时时一绝倒。不忘平生期，明月满怀抱"充分表达了两人以身许国、不以进退升沉为怀、光明磊落、恬淡守志的高尚情怀和亲密无间的友谊。

王洙在襄州，多有善政，深得民心。在邓州已抱病躯且自知来日无多的范仲淹，闻听王洙信息后，认为朝廷不能大材小用，更不能舍本逐末，便第三次举荐王洙，作《乞召还王洙及就迁职任事札子》。奏章中高度评价王洙："文词精赡，学术通博，国朝典故，无不练达，缙绅之中，未见其比，以唐之虞世南，先朝之杜镐方之，不甚过也。"并为王洙受牵连一事陈述不平之意："以赴进奏院宴会，乃在京诸司常例，得从一日之休。徒以横议中伤，例遣居外，三经赦宥，未蒙召还，恐非圣朝弃瑕采善之意"，劝谏皇帝"不以人之小累而废其大善"，"乞特赐召还，仪表台阁"，断言"乃知其才内外可用"，并承诺："或不如举状，臣受上书诈不实之罪；如朝廷擢用后犯入己赃，臣甘当同罪。"如此举荐人才，古今能有几人！

这一次举荐虽未立时见效，但为王洙后来的任用铺平了道路。王洙正如范仲淹所言，"内外可用"。徙知徐州后，正值灾年，他减免税费，开仓赈民，劝说富户捐粮救困，招募青壮年千余人当兵治安，政绩卓著，吏民称赞，受到皇帝嘉奖。徙知亳州后，便恢复了天章阁侍讲，又迁兵部员外郎。编《大享明堂记》，任为史馆修撰，再迁为皇帝起草诏书命令的知制诰。这时，范仲淹已走完了人生之路，举世哀悼惋惜。宋仁宗亲撰碑额"褒贤之碑"，欧阳修为之撰写碑文，王洙为之书丹。王洙书法造诣很高。皇祐年间，王洙为仁宗讲《尚书·无逸篇》，仁宗说："朕深知享国之君宜戒逸豫。"为警醒自己，命蔡襄书孝经，王洙书无逸，置于坐席旁边。王洙比范仲淹小7岁，他对范仲淹恩重如山的举荐怀着无限感激之情，此时皆倾注于笔端。他书丹的碑文，穿越了千年时空，流传到今天。

　　王洙也的确无愧于范仲淹终生三举的稽古鸿儒。他是北宋校勘编纂古代典籍的佼佼者，功垂千秋。是他独具慧眼，在翰林院所存的蠹简残策中，发现了东汉张仲景的《金匮玉函要略方》，后经校正医书局林亿等人的考证编纂，《伤寒论》十卷，《杂病论》三卷，命名《金匮要略方论》，简称《金匮要略》，成为流传至今的中医宝典。是他编订的《杜工部集》，成为后世各种杜甫诗集的祖本。嘉祐二年（1057）七月，王洙患病，宋仁宗念念不忘王洙读讲经典的艺术魅力，特遣使慰问，并特带口讯，询问："疾少间否，能起侍经席乎？"九月一日王洙因医治无效去世。《宋史·王洙》中评价云："洙泛览传记，至图纬、方技、阴阳、五行、算数、音律、训诂、篆隶之学，无所不通。"

第二章

雄心万里

第四章

三起三落

天圣六年（1028），范仲淹经晏殊举荐，到京城做了一名京官，职务是秘阁校理，也就是皇家图书馆的工作人员。这是一个可以接近皇帝的官职，在这样的位置上，如果他会钻营，很快就可以飞黄腾达。但是志存高远的范仲淹却没有那样做，他多次犯颜直谏，惹得垂帘听政的刘太后和仁宗皇帝很不高兴，也拉开了他一生中三进三出京城的序幕。

两谏太后

天圣六年（1028），晏殊任枢密副使，要举荐一人为馆职。宰相王曾说："晏公很了解范仲淹，怎么不举荐他呢？"晏殊立即书写举荐状，状中称赞范仲淹"为学精勤，属文典雅，略分吏局，亦著清声。前曾任泰州兴化县，兴海堰之利。昨因服制，退居睢阳，日于府学中观书肄业，敦劝徒众，讲习艺文，不出户庭，独守寒素，儒者之行，实有可称"，"欲望试其词学，奖以职名，庶参多士之林，允洽崇丘之咏"（崇丘，《诗经·小雅》篇名，有目无诗）。同年，范仲淹丁忧服除，冬十二月，由大理寺丞迁升秘阁校理。秘阁，系宋太宗端拱二年在崇文院中堂建造，为藏真本书籍和墨迹之处。校理，以京官充任，负责皇家图书典籍的校勘和整理，实际属于皇帝的文学侍从，可以经常见到皇帝，知悉朝廷内部的许多信息机密。对一般官员来说，这是一个难得的可以飞黄腾达的捷径。可范仲淹自步入仕途之日起，就一心只系国家安危、生民祸福，从不计较个人得失。

天圣七年（1029）冬至，仁宗皇帝打算率领百官在会庆殿为皇太后祝寿，下令草拟上寿的仪式。朝中群臣私下里议论纷纷，都认为这不符合国家礼制，不能这样做，可谁敢站出来说话？更有谁敢站出来反对呢？只有担任秘阁校理不久的范仲淹奋不顾身，公开上书反对。奏疏云："天子有事亲之道，无为臣之礼；有南面之位，无北面之仪。若奉亲于内，行家人礼可也；今顾与百官同列，亏君体，损主威，不可为后世法。"范仲淹认为，这是弱人主以强母后的做法，不可开这个先例，影响皇权政治的稳定，影响国家的长治久安。

范仲淹这一奏疏，引起朝中一场轩然大波，很多人为范仲淹捏着一把冷汗。推荐范仲淹为馆职的晏殊得此消息，十分恐惧，立即召对范仲淹，斥责他怎么如此"狂率"，如此"好奇邀名"，"且将累及朝荐者"。范仲淹面对有知遇之恩的前辈晏公，分辩道：正因为是您推荐的，所以常常自我勉励，努力做得更好，"唯惧忠不如金石之坚，直不如药石之良，才不为天下之奇，名不及泰山之高，未足副大贤人之清举"。晏殊怒斥道："勿为强辞！"范仲淹再拜而退。

范仲淹这一奏疏上去，刘太后看后很不高兴，心怀怨恨，但慑于舆论压力，没有再追究。可范仲淹并未就此打住，他认为仁宗已经二十岁，刘太后依然把持朝政，没有丝毫还政仁宗的迹象。多数朝臣尽管不满，为避祸自保起见，人人闭口不言。范仲淹干脆一不做，二不休，再次上书《乞太后还政奏》，"今上皇帝春秋已盛，睿哲明发"，劝刘太后"卷收大权，还上真主，以享天下之养"。奏疏上去，无声无息，犹如石沉大海。范仲淹无可奈何，愤然自请出京任地方官。这正中刘太后下怀，诏书迅即下达，实则贬范仲淹出任河中府（今山西省永济县西）通判。

从某种意义上说，范仲淹谏止仁宗率百官朝拜太后以及上书劝请太后还政，实际上并没有脱出中国封建士大夫们只承认一家天下，而否定女人当政的迂腐之见。其实，从根本上看，天下兴亡与它的姓氏归属或者是女人当政还是男人当政，实在并没有太大的关系。比如武则天当政，也出现过唐垂拱至圣历年间的繁盛。相反，男人当政而送掉一方江山者却也大有人在。不过，在范仲淹的思想不可能脱离那个时代，我们不能强求古人具备现代思想。他这种敢逆龙鳞、忤天威的精神还是值得钦佩的。

范仲淹离京后，思虑甚久，为消除晏公对自己的疑惑误解，事关

大计，于是首先修书给晏殊，输肝剖胆，陈述己情，这便是《上资政晏侍郎书》。书云："某天不赋智，昧于几微，而但信圣人之书，师古人之行，上诚于君，下诚于民。"书中列举大量古代圣贤事例，辨明"好奇""邀名""狂言"等骂名的是非曲直，表明自己的决心："倘进用于时，必有甚于今者，庶几报公之清举。如求少言少过自全之士，则滔滔乎天下皆是，何必某之清举也？"最后提出天下之士有两党："其一曰，我发必危言，立必危行，王道正直，何用曲为？其一曰，我逊言易入，逊行易合，人生安乐，何用忧为？"范仲淹见解过人，令人佩服。他写道："人皆谓危言危行，非远害全身之谋，此未思之甚矣。使搢绅之人皆危其言行，则致君于无过，致民于无怨，政教不坠，祸患不起，太平之下，浩然无忧，此远害全身之大也。使搢绅之人逊其言行，则致君于过，致民于怨，政教日坠，祸患日起，大乱之下，恼然何逃？当此之时，纵能逊言逊行，岂远害全身之得乎！"

《上资政晏侍郎书》是一份忠臣直士的宣言书，也是劝天下士人做忠臣直士的教科书。晏殊读后，疑惑顿释，误解尽除，内心更加佩服范仲淹的远见卓识，赤胆忠心，浩然正气。

为民请命

天圣八年，范仲淹因言忤太后而离开京师，通判河中府。忠直进谏而不果，言忤太后而被逐，照说范仲淹该吸取一点教训的。但事实是这些在范仲淹心中似乎全没有留下一点点能让他稍缄口以求自安的影响，他仍然是言之所当言，谏之所当谏。比如天圣八年（1030）、明道元年

（1032），他在通判河中府、陈州任上，就先后又有两次会言忤朝廷以及刘太后的直言进谏。

天圣八年（1030），朝廷决定大兴土木，修建太乙宫、洪福院。景德间，那一场上降天书的闹剧，曾引来真宗的东封西祀，大兴土木，花了6年的时间，修建了有大小3600多间厅堂屋室，专为收藏天书而盖的玉清昭应宫。当时盛产木材的陕西年年要向汴京供运木材，耗民力，破民产，实在是一场旷日持久的灾难。天圣五年（1027），寿宁观毁于一场火灾，天圣六年（1028），玉清昭应宫也毁于一场雷击引起的大火，全部3600多间宫厅屋室"独长生崇寿殿存"。据《续资治通鉴》卷三十七记载，大火第二天，刘太后召见辅臣，哭着说："先帝力成此宫，一夕延燔殆尽，犹幸一二小殿存尔。"

时任枢密副使的范雍听出刘太后有重修此宫的意思，立即抗言道："还不如烧尽了才好！"章献问他何出此言，他回答说："先朝以此竭天下之力，遽为灰烬，非出人意。如因其所存，又将葺之，则民不堪命，非所以祉天戒也。"同时，宰相王曾、吕夷简"亦助雍言"。因为这一场天火，仁宗曾特派官吏祭告皇陵，并"诏天下不复缮修"。

天圣八年（1030），由于刘太后的坚持，朝廷又要修建太乙宫、洪福院，所需九万四千多根木材又由陕西购进。这自然是范仲淹"理或当言"的事情。他自河中府上书朝廷，希望朝廷能取消这一次的大兴土木。他在上书中殷殷言道："昭应、寿宁，天戒不远。今又侈土木，破民产，非所以顺民心、合天意也。宜罢修寺观，减常岁市木之数，以蠲除积负。"同时，他还奏请朝廷考虑裁并郡县，以改变郡县多，差役繁，使"堪役之家，无所休息"的现状。

范仲淹位卑人微，他的疏奏自然阻止不了太乙宫、洪福等院的兴建。天圣九年（1031）三月，朝廷任命他为太常博士，同时改任陈州通

判。陈州就是今天的河南淮阳。

范仲淹身居陈州，在亲躬民政、财政、户口、赋役、司法诸务中，仍在为朝廷之事操心。当时朝中一些宠幸近臣，如内臣罗崇德、江德明、刘从德（皇太后内侄）之流，皆不经两府甄选，直接出于皇太后手令而晋迁。他忧心忡忡，对这种扰乱朝制的做法，极感不安，遂以唐代中宗时安乐公主、长宁公主、上官婉儿等人倚仗权势、纳贿卖官之事为例，写成奏疏，上报朝廷。

在唐中宗、睿宗时期，韦后、安乐公主、长宁公主等人贪污受贿，公开卖官鬻爵，违反正常任官制度，为人谋官。不管是屠夫酒肆之徒，还是奴婢之流，只要送上30万钱，就能绕开组织部门的考察，直接得到由皇帝亲笔敕书任命的官位。由于这种敕书是斜封着交付中书省的，所以这类官员被人们称为"斜封官"。而且，其上所书"敕"字用墨笔（与中书省黄纸朱笔正封的敕命不一样），故名"墨敕斜封"。当时的"斜封官"都是不通过中书省、门下省而由皇帝直接任命，两省长官都不敢过问，只是将任命文件向有关部门传达而已。

墨敕斜封官的授官方式导致朝政混乱，遭到部分官员的强烈反对。但直到唐玄宗登基之后，才在姚崇等的协助下，罢免了中宗以来的斜封官，并规定此后不得以此法任官，从而结束了长期以来冗官滥吏充斥的局面。

范仲淹的奏疏正是以古鉴今，言辞激烈。这也许是他近年来疏奏中最为尖刻的一份了。据宫中太监刘承规透露，皇太后看完这份疏奏，怒不可遏，拍案而吼："范仲淹遭遣外任，不知悔改，越级言事更为猖狂无礼了！"

七品右司谏

刘太后去世后，仁宗亲政。明道二年（1033）四月，范仲淹奉诏由陈州回到京都，任右司谏。皇帝召见于福宁殿，范仲淹随即上呈他任右司谏后的第一份疏奏："……臣初闻遗诰，以太妃为皇太后，参决军国事。臣以为决不可行。太后，母号也，未闻因保育而代立者。今一太后崩，又立一太后，天下且疑陛下不可一日无母后之助矣……"

皇帝览毕曰"善"，并以朝政之急询问于范仲淹……

四月十八日，皇帝诏示群臣：删去遗诰中"皇帝与太后裁决军国大事"之语，太后之号讫不改，止罢其命。故朝臣以寝宫名称杨太后为"保庆太后"。

朝廷关于"遗诰"而引起的纷争就此平息，朝臣认为是范仲淹呈疏参与之功，也是范仲淹对吕夷简阴谋的挫败。朝廷遂有"唯范仲淹可与宰臣抗衡"之语。

皇帝对内臣和两府重臣的调整，向朝臣发出了一个明确的讯息：阿谀刘太后的臣子，将调离京师；被刘太后贬逐的臣子，将重返朝廷。特别是宰臣吕夷简的被贬外任，被朝臣视为对刘太后"遗诰"维护派的总清算。此时又逢

宋仁宗赵祯画像

第四章

三起三落

京东一带大旱，江淮地区蝗灾严重，庐州、舒州飞疏禀报有饥民饿死，京西、河北、河东、陕西各州府亦飞疏报灾，年轻而刚刚亲政的皇帝赵祯，一时陷于内外交困的窘境，日夜徘徊于福宁宫，等待宰执大臣拿出一个安定朝廷、救援灾区的方案来；但宰执大臣张士逊、李迪、王随等人，似仍热衷于朝臣对刘太后垂帘过失的揭露攻击，对其南北州府的飞疏报灾，弃之不理置若罔闻。朝廷真的处于前所未有的混乱无序之中。

就在这朝事焦人、骄阳炙人的五月八日，由西京洛阳驿站传递的一封书信，送进了范仲淹的宅第甜水巷苦竹居。

范仲淹近几天来，也是内外交困，很不顺心。朝事混乱，他已看得明白：言官追究刘太后垂帘决事的失误，虽属清算死者，于义有亏，但职责所在，说不得什么；而宰执大臣挟私而不顾大局，视而不见，听而不闻，故意放纵，已属不该，且有暗中煽惑之举，则其罪责甚于刘太后决事的失误了。他本欲举表弹劾，但念及这些宰执大臣，多年来受刘太后压抑之苦，借机以泄其怨恨，亦属人之常情，且为皇帝亲政后亲自遴选的中枢人选，当以谏官与宰臣的相商相协代替传统做法的相互对抗，减少朝廷的纷争，营造安定和谐的氛围。于是他主动拜访左相张士逊，张士逊根本没有把他这位七品小官放在眼里，以"身体不适"四字拒他于"左相府邸"大门之外；他主动拜访右相李迪，李迪在其府邸接见了他，却以官场上世故相欺："言官言事，职责也；案是否立，案是否勘，权在圣上，宰执大臣不可过问，右司谏亦不可过问，更不可以右司谏的规谏讽喻之权阻挠啊！"他询问中枢救援京东、江淮、京西、河北、河东、陕西旱灾蝗灾之策，李迪笑曰："朝廷层层设官，事有所司，官各有权，此事当询问户部啊！"他忍气拜访参知政事王随，王随倒是痛快，在其府邸接见中，首先反诘道："范公反对'立刘氏七庙'，致使左相王曾代范公受过而遭贬；范公奏请'皇太后还政'，被刘太后贬往河中府，陈州。真没想到，现任右司谏的范公，对刘太后的

'宠信外家，宠信内臣，贪权施威，压抑皇上，专横自恣'倒是情有独钟啊"！他忍辱询问中枢救灾之策，王随轻松而语："灾荒年年有，今年未必重于去年。去年朝廷没有专心于救灾，不是也过得挺安顺吗？"宰执大臣如此行事，能营造朝廷的安定和谐吗？能协助皇帝进行朝政变革吗？能致皇帝于尧舜之功吗？看来，只能以右司谏之职司与这样的宰执大臣对抗较量了。可这"对抗较量"，不也会增加朝廷的混乱吗？此时朝廷，连"对抗较量"也难啊！

朝廷事难，家庭事也不轻松！范仲淹第三个儿子纯礼是前年出生的，现已两岁，身体一直不好；夫人李氏三年来独撑门户，抚养三个儿子，已累得疾病缠身，加之三年来两地分居，两处开伙，微薄薪俸，仅够糊口，儿子和妻子的病情，只能靠自身的体力自医，只能靠欢悦的心情自疗了。范仲淹近来离开官衙回到家中，压抑着朝事的不快，与妻子儿子或谈笑，或抚琴，或歌吟，或与儿子嬉戏，为三子纯礼做牛，为二子纯仁做马，为长子纯佑做友，欢悦自娱，以乐妻儿心身。夫人李氏解丈夫情意，以多病之躯，谈笑歌吟，细心应和，与丈夫一起营造了一个完美的琴瑟和谐、贫穷自乐的苦竹居。

 初识欧阳修

一天，范仲淹正在家中，由西京驿站送来一封书信。因书信是一个名叫欧阳修的陌生人所写，引起了范仲淹的特别兴趣。

书信长达十多页，而且字迹清秀工整，神韵飘逸，更引起了范仲淹的敬重和喜爱。夫人李氏见状，便请佣妇带着三个儿子去卧室玩耍，她

第四章

三起三落

欧阳修画像

轻轻合上书房的门，轻轻坐在琴案前，望着聚精会神阅览着书信的丈夫。

信是这样写的：

前月中旬，看到进奏的吏报上说，你从陈州被召到京城，担任司谏。我当时就想写一封信来道贺，多事匆忙，未能如愿。

司谏，只是七品官。对于您来说担任这官职不算喜事，可是我独自想道贺一下，确实是因为谏官关系到天下的得失，联系着一时的公正的议论……

您接受任命以来，我抬着头踮起脚跟，长久地站立着想听到您的谏言，可是终于没有听到，我私下里感到困惑。难道洛阳的士大夫，能在前面料想到，却不能在后面料想到？还是您有所期待才进谏呢？从前韩愈写《诤臣论》，来批评阳城不能尽力进谏，后来阳城因为敢于进谏而闻名。人们都说：阳城开始不进谏，是因为有所期待才那样做的，韩退之（韩愈）不知道他的用意而妄加批评；我独自认为这样说是不对的。当退之发出这样的议论时，阳城已经做了五年的谏议大夫，在这之后两年才开始在朝廷上为陆贽辩论，以及为阻止裴延龄做宰相而想撕裂用麻纸写的诏书，只不过这两件事罢了。当时德宗在位，社会上的灾难很多，诸如用人不当，叛将权臣遍及天下，天子又猜忌，任用奸诈小人。在那个时代，难道没有一件事可以进谏，而要等上七年吗？当时的事，难道没有比阻止裴延龄、为陆贽辩护这两件事更急迫的吗？我认为身为谏官就应该早晨领命晚上呈奏，幸而阳城做谏官七年，恰巧遇到裴延龄、陆贽的事，只进谏一次就被罢官，也算是尽到他的职责；假如只五年六年就调任国子司业，自始至终没有进谏过就离职了，有什么可称道的呢！

现在的官吏大概三年就调动一次，或者一两年，甚至半年就调动一次，这就不能等待七年了。当今天子亲自处理朝政，天下太平，虽然没有什么事端发生，然而把您从千里之外召到朝廷就任谏官，难道不是为了听到公正的言论，喜欢听到正直的言辞吗？然而到现在还没有听到您对朝廷有所进言，以让天下的人知道朝廷有正义之士而显示天子有纳谏的明智之举。

贫寒穷苦的读书人，困厄地居住在茅草屋里，坐着诵读经书史籍，常常抱怨自己不被朝廷重用。等到被任用，又说那不是我的职责，不敢进言；或者说我的地位卑微，不能进言；又说我有所等待。这样最终也没有一个人进言，难道不可惜吗？希望您想想天子任用自己为谏官的本意，警惕君子百代的谴责，陈述你正直的言论，以满足众人的期望，而且消除洛阳的士大夫们对您的疑惑，如果是这样的话，那真是太荣幸了，太荣幸了。

这封信诚恳地希望范仲淹担负起谏官的责任，勇于进谏，为社稷尽忠，为百姓请命，言辞中充满正气，而且文采飞扬，引经据典，让范仲淹拍案叫好。

范仲淹感到自己并不孤单。他对夫人说："你看，不止一个忧患天下的范仲淹，还有一个忧患天下的欧阳修啊！夫人，请细心阅览这封书信，此人心志抱负，确与我息息相通啊！"

废后风波

范仲淹就任右司谏这一年，江、淮、京东地区发生蝗、旱灾害，灾区百姓流离逃荒，饥困于道。不用说，以范仲淹忧国忧民的情怀，自然不会不关注灾区百姓的疾苦。他上书请求朝廷派员赴灾区赈济灾民，甚至当面质问皇上：现在江、淮、京东三路百姓陷入饥困，朝廷不尽快采取措施，如果宫中半天没有吃的，又会怎么样呢？

八月，范仲淹被派安抚江淮。范仲淹所到之处捣毁淫祠，开仓赈民，并把饥民用来充饥的乌味草带回京师，请皇帝在六宫贵戚中传观，"以戒侈心"。同时，又上书陈救弊十事。上书中甚至激愤直言，朝廷加于百姓身上的转运之役，让百姓奔波往返于数千里的漕路之上，使他们壮者受饥，弱者殒命，实在不仅伤财，害人也到了令人不可忍受的地步，必须尽快革除。如此出言直切，其诚实在可感，但皇帝又会作何感想？想来总不会是太舒服的吧。

此后不久，范仲淹又为仁宗废后据理力争而大忤皇帝。

仁宗废后也是一场闹剧。仁宗立郭后在天圣二年（1024），他其实并不喜欢郭后，只是当时章献太后垂帘听政，立后全由太后做主，郭后才得以被立。也正因为有太后做主，郭后也仗势骄横，把持后宫，宫人亦"多为太后所禁遏不得进。"太后死，禁遏也随之解除，美人尚氏、杨氏大得仁宗宠幸，尚氏之父甚至因此而加官蒙赐，"恩宠倾京师。"郭后自然对此极为不满，因而她们之间常发生争执。一次，尚氏当着仁宗讥讽郭后，郭后一气之下要打尚氏耳光，仁宗上前拦挡，正好被郭后一掌打在脸上。仁宗大怒，起意废黜郭后。内侍阎文应建议仁宗把脸上伤痕出示给宰执大臣，看他们怎么说。其时吕夷简又被召回京师，仍居相位。吕夷简对仁宗说："东汉光武帝也曾废后。郭后打伤皇上，废之，未损圣德。"

吕夷简如此进言，并不是没有原因的。太后死后仁宗亲政，曾将太后听政时的一些太后亲近的大臣悉数贬放，当时吕夷简本不在贬放之列，《宋史》载："帝始与夷简谋，以张耆、夏竦皆太后所任用者，悉罢之。退告郭皇后，后曰：'夷简独不附太后耶？但多机巧，善应变耳。'"于是夷简也被罢知陈州。当宣布被罢逐官员的名单时，夷简"大骇，不知其故。……久之，乃知事由皇后也"。

范仲淹则与吕夷简决然相反。仁宗想要废后的消息传出宫外，范仲淹立即向仁宗进言，极言郭后不可废，且希望仁宗早息此议，以免在朝野引起混乱。范仲淹这一次的进言仍然没有被采纳。很快，仁宗颁诏，称郭后无子，自愿入道修持，特封为净妃，别居长宁宫。为省却麻烦，颁诏之前就敕令有司，不得接受台谏章奏。

此诏一出，舆论大哗。御史中丞孔道辅与范仲淹等谏官极力上书，龙颜大怒，悉被贬官。与孔道辅、范仲淹同时被贬的还有侍御史杨偕、马绛，其余如知谏院孙祖德、殿中侍御使段少连、左正言宋郊等，也都受到罚铜20斤的处分。

这是仁宗亲政以后第一次对谏官大行诛罚。此事一出，朝野哗然，时任河阳签判的富弼也上书指仁宗废无罪之后逐忠谏之臣为两大过错，希望仁宗起码应该召还范仲淹、道辅。但仁宗不予理会。

景祐元年（1034）正月，范仲淹自汴京东行，前往贬所睦州。此时距他在太后死后被召回京师还不到一年时间。

出守睦州

睦州，就是现在的浙江建德、淳安、桐庐一带。这里有婀娜多姿的富春江，还是东汉名士严子陵隐居的地方。

严子陵又名严光，年轻时曾是汉光武帝刘秀的同窗，有很高的名望。刘秀称帝后，告示天下，令人寻找严子陵。但是光有名字不好找，于是光武帝召集来宫廷的一流画家，描绘出严子陵的容貌，直到画得形神毕肖后，便复制了许许多多份，昭告天下，让各地官吏负责寻找严子陵。过了许久仍杳无音信，汉光武帝十分焦虑。

其实，严子陵在隐居在富春山，一天到晚，垂钓于溪水之中，怡然

位于浙江桐庐的严子陵钓台

自得。

后来，当地的县令听说严子陵在自己的地界隐居，大喜过望，为了自己升官，硬是把他推进了官车，快马加鞭，送到了京城。严子陵住进了刘秀特意为他安排的房子，每日饭菜相当可口，数十名仆人为他效劳，然而对于这些他不屑一顾。

一天，刘秀去看望严子陵。皇帝亲自登门，这可是件大事儿，得远迎才对。可严子陵根本不理，躺在床上养神。刘秀进来后，看到他这副情景，并不恼火，走过去用手轻轻地拍了拍严子陵的肚子，亲切地说："老同学，你难道不念旧情，帮我一把吗？"严子陵说："人各有志，你为什么一定要逼我做官呢？"刘秀听后长长地叹了口气失望地走了。

有一晚，刘秀与严子陵叙旧。刘秀问："我比从前怎么样？"

"嗯，有点儿进步。"严子陵大模大样地回答道。

那晚，两人睡在一起，严子陵故意大声打呼噜，并把腿压在刘秀身上，刘秀毫不介意。第二天早上，太史惊慌地来汇报："皇上，昨晚微臣观察天象，发现有一客星冲犯帝星。"刘秀轻描淡写地说："没啥大不了，昨晚我和严子陵在一起。"

刘秀拜严子陵为谏议大夫，他不肯上任，仍旧回到富春山中过他的隐士生活，种种地，钓钓鱼。富春山边有条富春江，江上有个台子，据说是当年严子陵钓鱼的地方，称为"严子陵钓台"。

建武十七年（41），刘秀又召严子陵入宫，严子陵拒绝了。

严子陵无意仕途，寄情于山水间，这也是一种人生的乐趣。

等到范仲淹贬知睦州时，此处自然是人已化鹤，钓石空余了。但严子陵大名犹存，富春江江景依旧。范仲淹沐朝晖夕照，于子陵滩前见白云徘徊，观渔人垂钓，抚今追往，眼前山光水色的澄澈与心中对靖节自高的倾慕不是正好相应相生么？

实际上，范仲淹到睦州不久，即主持营建严子陵祠，并写了《桐庐郡严先生祠堂记》，记中赞子陵能使"贫夫廉，懦夫立，是有大功于名教也。"在文中，范仲淹深情地写道："云山苍苍，江水泱泱，先生之风，山高水长！"遂成为千古名句。

他还写有《钓台》一诗：

漠包六合网贤豪，一个冥鸿惜羽毛。

世祖功臣三十六，云台争似钓台高？

世祖即汉光武，而云台则是汉光武的儿子汉明帝图画中兴功臣的地方。这首诗正是他厌弃禄利名位而忧国忧民的高洁情怀的写照。

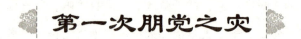

第一次朋党之灾

范仲淹将天下之士分为危言危行和逊言逊行二党，认为这两党常交战于天下，天下是不是太平，就在于两党的胜败。

景祐二年（1035），范仲淹就身历了一次这两党之间的交战。

是年，朝廷又有了一次人事变动，李迪罢政，王曾任同平章事（宰相），蔡齐任参知政事（副宰相）。三月，范仲淹也升为礼部员外郎，天章阁待制，不久便调回京师，判国子监。

也就在这一年，被废的郭皇后不明不白地死了。据说郭后死前不过只是得了一点小病，是内侍阎文应亲带太医前往诊视，并将她移居嘉庆院，但只几天工夫，郭后就死了。其实，郭皇后被废黜之后，仁宗对她

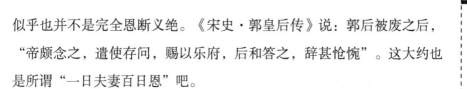

似乎也并不是完全恩断义绝。《宋史·郭皇后传》说：郭后被废之后，"帝颇念之，遣使存问，赐以乐府，后和答之，辞甚怆惋"。这大约也是所谓"一日夫妻百日恩"吧。

郭后被废，内侍阎文应及宰相吕夷简起了很大的作用。据说，阎文应看到皇帝思念郭皇后，怕郭皇后回来对自己不利，便在郭后生病时借机做了手脚。但郭后死后，许多人心存疑问却是真的。谏官高若讷、姚仲孙等就上书弹劾阎文应，明确提出了他们的怀疑。

阎文应身为内侍却"专恣不恪"，甚至常矫皇帝意旨外控执政，这本来就是范仲淹非常担忧的事情。皇后暴死，更激起他一腔愤怒，他决心与阎文应一决高低。这一次范仲淹事先甚至做好了鱼死网破的打算，在去见仁宗之前，他安排了家事，并对长子纯祐说："吾不胜，必死之！"

但这一次还好，阎文应终于被贬逐岭南，死于流放途中。不过，范仲淹此举也使当朝宰相吕夷简十分难受。而且，依吕夷简之见，范仲淹身为待制，不过是皇帝侍臣，本来就不应行建言进谏的"口舌之任"。但范仲淹却不以为然，在他看来，身为侍臣，建言进谏正是职责所在，岂有坐视沉默之理。

范仲淹与吕夷简的矛盾集中反映在选拔人才上。吕夷简在位日久，"颇务收恩避怨，以固权力"，以至幸进之徒奔走于门下。这是范仲淹所不能接受的。一次，吕夷简对范仲淹发感慨，说自己见过的人也算不少了，但却没有遇到一个真正有节行的。范仲淹当面反驳说："有节行的人自然是有的，只是你不知道而已。以你这种想法待人，有节行的人也不会投到你的门下。"这话可把吕夷简搞得很难堪。

也就在这个时候，范仲淹向仁宗上《百官图》，指出百官进止，如何才是公平持正，循序升迁，哪些只是因私幸进，超格越级。他希望仁宗重视选贤任能，特别是"进退近臣，凡超格者，不宜全委之宰相。"

而且，他还引汉成帝时事向仁宗进言，明确表示，仁宗信任吕夷简如同当年汉成帝信任张禹，他颇有朝政败坏的担忧。

张禹是什么人呢？汉成帝永始、元延年间，王莽专权，当时日蚀、地震频仍，吏民上书多言灾异所致，在王氏专政。成帝"意颇然之"，但又没有明证，便亲至张禹宅第向他请教。张禹对成帝说，灾变之由，深远难见，人们以为是王氏专政所致，不可信。成帝以此不疑王莽，终于酿成新莽之祸。

范仲淹以为，吕夷简党同伐异，以自己的好恶选人用人，报喜不报忧，与张禹非常相似，实在有失宰执之责。他向仁宗推荐韩亿，以为亿素有仁心，宽怀大度，可取夷简而代之。

吕夷简的抗辩自然也是情理中事。为范仲淹的指责，吕夷简与他在仁宗御前发生了激烈的争论，他对范仲淹的指责一一加以辩驳，并怒斥他"越职言事，荐引朋党，离间君臣"。御史大夫韩渎附和夷简，甚至请求仁宗书列范仲淹一党官吏姓名，张挂于朝堂之上，用以戒越职言事。由此，范仲淹被罢免，贬知饶州。

范仲淹的此次被贬，使朝野震惊。秘书丞余靖谏言，范仲淹以前上书请求太后还政，谏止废后，都没有遭到如此重贬，哪里能够因为与宰相一言不合便遭贬放呢？他请求仁宗宽容为怀，收回成命。

太子中允尹洙更是愤然上书，自称得范仲淹举荐，与范仲淹"义兼师友"，范仲淹既以朋党之罪招致贬放，自己按理不该幸免，愿意与范仲淹同受贬黜。为此，余靖被贬至江南西路，监筠州（今江西高安）酒税，尹洙被贬郢州（今湖北钟祥），监郢州酒税。

时任馆阁校理的欧阳修也愤然上书，力陈范仲淹"刚正好学，博通古今"，不应以忠言忤相而遭贬。欧阳修也因此被贬为峡州（今湖北宜昌）夷陵令。

到此为止，因范仲淹、吕夷简之争，余靖、尹洙、欧阳修等朝臣相继遭到贬黜。第二年，吕夷简也被罢相，"由是朋党之论兴矣"。

这就是仁宗亲政不久于景祐三年（1036）出现的第一次朋党之灾。范仲淹等人坐贬之后，馆阁校勘蔡襄作了一首《四贤一不肖诗》，"四贤"即范仲淹、余靖、尹洙、欧阳修，"一不肖"即高若讷。高若讷当时任右司检，他身为谏官不敢直言，欧阳修说他不知人间有羞耻事。这首诗一出来，京都人士"争相传写，鬻书者市之得厚利"，甚至契丹使者也买回去张贴在幽州接待宋使的驿馆墙上。这一次朝廷党争所造成的震荡，由此也可见一斑。

平心而论，吕夷简还算不上一个奸臣、贪官。仁宗一朝他位列辅弼，数度宰执朝政，也算是忠心耿耿，并且也做了一些好事，比如，我们从他命人厚葬仁宗生母李宸妃的事上，就可看出，他深谋远虑，办事十分妥帖。

比如天圣五年（1027）大内失火，百官早朝而宫门不开，人疑宫中有变，请见皇上。仁宗在拱辰门接见群臣，百官拜楼下，独夷简不拜，一定要仁宗举帘露面之后他才放心。天圣七年玉清昭应宫被焚毁，章献太后想重建，也是他尽力谏止了。他身居高位，周旋于仁宗母子之间，其实也是兢兢业业且备尝艰辛的。

而且，夷简对范仲淹也是欣赏并有所保护的。范仲淹景祐三年党争之祸被贬之后，康定元年（1040）朝廷只决定恢复他天章阁待制改陕西都转运使，当时吕夷简又任宰执，他对仁宗说："以范仲淹之贤，朝廷将用之，岂可但除旧职？"范仲淹因此得以除龙图阁直学士，迁陕西经略安抚使。范仲淹知延州时，私自致书赵李元昊，"李元昊复书，语极悖慢"，范仲淹只"奏其状，焚其书不以闻"。人臣无外交，范仲淹这件事实在做得有些莽撞。朝廷议罪，参知政事宋庠认为可斩，枢密副使杜衍认为范仲淹志出于忠，不可深罪。仁宗征求吕夷简的意见，夷简认为"杜衍之言是。止可薄责而已。"范仲淹因此没有被严加追究，只降知耀州。

当时所谓的朋党之争，往往是意气之争，双方争议的标准不外乎忠与奸，君子与小人。

贬知饶州

景祐三年（1036）八月，范仲淹到达贬所饶州。

屈指一算，这是范仲淹第三次被贬。第一次是谏止仁宗率百官为太后上寿并奏请太后还政，被贬为通判河中府。第二次是谏止仁宗废后被逐出京师，出守睦州。算到这一次被贬知饶州，已经是"三出专城"了。而且，这一次，凡是声援范仲淹的人都是被扣上"朋党"的帽子。士大夫闻"朋党"而色变，个个噤若寒蝉，即使是内心同情范仲淹的，也不敢送行。

这一天，范仲淹往饶州赴任，出开封南门，南门外竟无同僚送别，世态炎凉，顿时涌上心头。

正在范仲淹怅然若失时，忽听背后有人连声呼唤："范公留步！范公留步！"范仲淹回过头来，循声望去，见来者乃是待制官王质。王质衣冠不整，脸色苍白，幸亏有子弟们扶持，才跌跌撞撞地赶上来。范仲淹赶忙迎上去，紧握着王质的手说："王待制是老前辈，前来送行，晚辈怎敢当！"王质略喘一口气说："范公此行，长路漫漫，务请珍重。他日归来，老夫一定到十里长亭外相迎！"说罢，急命子弟们摆酒饯行，并频频为范仲淹祝酒。饯行完毕，王质不顾病体衰颓，一直把他送到十里长亭，才依依惜别。

此事轰动了京城。有些大臣对王质说："待制与范仲淹并无深交，独自一人去南门外送他，难道不怕被人指责为'朋党'吗？"王质斩钉截铁地说："范公是当今贤人，下官难望其项背，如能成为范公的党人，那将是下官莫大之幸，又何惧之有？"

王质为人，颇有几分侠义之气。可惜这样的人在当时的社会太少了。范仲淹自京师赴饶州，走了三个月，历经十余州，沿途州县官吏无一人出迎。范仲淹此行，伴一路风尘的寂寥与落寞，不言可知。

不过，中国的迁客骚人们似乎都能找到自我排解的妙法。

此次贬知饶州，范仲淹要在丽山秀水中安抚自己的心灵，驱散内心的苦闷。饶州西临鄱阳湖，与庐山隔湖相望，山光水色应该是更令人倾心的。鄱阳的朝晖夕阴，庐山的飞瀑流泉，这佳景胜境，真是为范仲淹提供了一个平复自己心情的好去处，加之数遭贬放，三出专城，也算是曾经沧海了。因此，这一次虽然受到的贬责更重，离开汴京时的情景也更加凄凉，但范仲淹似乎比前两次遭贬出京时更看得开了。在饶州期间，政事之余他泛舟鄱阳，畅游庐山，结交僧道，心意舒展，很有点斋中潇洒，逍遥自放的味道。他的《郡斋即事》诗就写道：

> 三出专城鬓有丝，斋中潇洒胜禅师。
> 近疏歌酒缘多病，不负云山赖有诗。
> 半两黄花秋赏健，一江明月夜归迟。
> 世间荣辱何须道，塞上衰翁也自知。

明月江上，歌酒赏菊，不负云山，斋中潇洒，甘乐自知，世间荣辱得失，也都被置诸脑后了。

饶州与庐山隔湖相望，从饶州泛舟向西，横过鄱阳湖即到五老峰下，自然是要经过此湖一游的。面对这座名山的峰峦瀑影，范仲淹也真

的成了一位寄情山水，自在逍遥的诗人了：

> 五老闲游倚舳舻，碧梯岚径好程途。
>
> 云开瀑影千门挂，雨过松黄十里铺。
>
> 客爱往来何所得，僧言荣辱此间无。
>
> 从今愈识逍遥旨，一听升沉造化炉。

沿碧梯岚径，观云开瀑影，眼前只有良辰美景，心中自然无荣辱升沉。

范仲淹在酬答一位名叫黄灏的朋友的诗中，也说到自己此时的心境："白雪孤琴弥冷淡，浮云双阙自崔嵬。南方岁晏犹能乐，醉尽黄花见早梅。"醉尽黄花之后更有早梅可赏心悦目，南方的岁尾年头都有可娱之物，这不就是"隐者之乐"么？

君子之交

常言道，物以类聚，人以群分。君子相交，自然是深识之亦心敬之。由人及己，心敬之亦必慕之。

范仲淹内心赞佩推崇的同代人，也是那些秉一腔刚正之气，以天下为忧而不佞不倚的诚信君子。宝元元年（1038）十一月，范仲淹由润州移知越州。在越州期间，他为几个人写过墓志、碑铭。他为之作墓志、碑铭的人，就都是一些他倾心仰慕尊敬的人。

宝元二年（1039），以兵部侍郎致仕于杭州的胡则去世。

胡则端拱二年（989）进士及第，真、仁两朝为官达47年。这也是一个不贪恋禄位而敢于犯颜直谏的人。胡则为福唐郡刺史时，朝廷决定将福唐数百顷轮流出租给农民耕种的公田作价卖给这些耕种者，要求他以20万贯估价。胡则认为估价太高，农民承受不了，上奏朝廷要求减半。开始朝廷未予理会，他连上三章，奏章中直言道："百姓疾苦，做刺史的理当言之。我不能不顾百姓疾苦而听从朝廷。朝廷可以为此而免去我的刺史之职。"

这也是一个极重义气的人。如丁谓被贬逐崖州时，他的旧时宾客甚至许多受过他的恩惠的人，都不敢去照顾一下他的家人，当时胡则也遭到贬谪出知玉山，但他不避嫌疑，派人远至崖州，送丁谓礼物，表示自己的慰问，和丁谓未遭贬时一样。如此为人，实在是很不容易的。天禧中，胡则居郎署，朝廷拟议升他为谏议大夫，派知广州，他以家中有80岁老父在堂，恳辞不就。在范仲淹心中，胡则是一个"富宇量，笃风义"，"轻财尚施，不为私积"的人物。

范仲淹自润州到越州时，经过杭州，亲自拜访了自己请求退休居于杭州的胡则，并赠之以诗，称他"官秩文昌贵，功名信史褒。朝廷三老重，乡党二疏高"。"二疏"指汉宣帝太子师傅疏广父子。《汉书·疏广传》载，疏广父子因为太子师傅得皇帝信任，人以为幸，他们却托疾归里，以尽天年。范仲淹以"二疏"赞胡则，在他的心中，胡则自请致仕，不恋禄位，也如疏广父子无异。胡则去世以后，其子请范仲淹为作墓志，他欣然接受。墓志中范仲淹赞其"进以功，退以寿"。说他"及退居西湖，乘画船，击清波，……与交亲笑歌于岁时之间，浩如也，人不谓之贤乎"。

宝元二年（1039）四月，蔡齐去世。

蔡齐是范仲淹一榜的状元，也是他的好友。在范仲淹心中，这也是一位能以天下为忧而不佞不倚的人。章献太后听政时，蔡齐为御史中丞，四川王齐雄无故杀人，因为是太后亲戚，不仅没有被判死罪，甚至其官爵也是前罢后复。蔡齐面呈仁宗，弹劾无隐，以为不能"以恩废法"，终于将齐雄罢除。明道二年（1033），章献太后薨，遗命尊曾帮助抚养仁宗的杨太妃为太后，范仲淹曾上书谏止，以为史无"因保育而代立"的先例，太后薨而再立，会使天下人误以皇帝不可一日无母后之助，有损圣名。蔡齐亦与范仲淹共识。仁宗下诏，以"保庆皇太后"称杨太妃，当时内廷促百官进贺，蔡齐毅然正色，不准御史台僚属跟随进贺，自己则直接向执政陈明百官进贺之举不可行。景祐间蔡齐任参知政事，由于与宰相吕夷简不合，罢政出知颍州（今安徽阜阳），病逝于颍州任上。

范仲淹在蔡齐墓志中称他"以进贤为乐，以天下为忧，见佞色则嫉，闻善言必谢，孜孜论道，以致君尧舜为心。与大臣居，和而不倚，正而不讦，无亲疏之间，有方大之量，朝廷为之重，刑赏为主平"。他为蔡齐的早逝深深惋惜悲痛。

第五章

西北烽烟

范仲淹与韩琦主持西北边事，携手不疑，世称『韩范』。他们部署得当，号令严明，爱抚士卒，使边关将士能戮力同心，西夏再也不敢小觑北宋边军。当时边上就流传着这样一首歌谣：『军中有一韩，西贼闻之心骨寒；军中有一范，西贼闻之惊破胆。』在范仲淹、韩琦的共同经略之下，真的『不数年间』使边事逐渐趋于平定了。

李元昊称帝

康定元年（1040）三月，范仲淹复天章阁待制北调，知永兴军。

范仲淹这次调任，一是因为宋与西夏之间关系日趋紧张，二来也是由于当时任陕西安抚使的韩琦的极力保荐。

当时的西夏属党项族，所占疆域包括现宁夏全部、甘肃大部、陕西北部及青海、内蒙古的部分地区，大体处在宋、辽之间。宋立国之后，西夏本已向宋称臣，其主李继捧也入朝受封，被赐为赵姓。但西夏内部也不乏纷争，李继捧的弟弟李继迁向辽国称臣，辽封其为西夏王。真宗时，李继迁开始进攻北宋，到景德元年（1004）澶渊之盟后，继迁死，其子李德明继位，才又与宋媾和。

天圣九年（1031），李德明之子李元昊继位。到这个时候，已经历了近二十年的和平，西夏军事、经济力量也得以增强。宝元元年（1038），李元昊立夏国，自称"大夏皇帝"，定都兴庆府（今宁夏银川）。康定元年（1040）正月，西夏以十万之众进攻延州（今陕西延安）。

史载，李元昊"性雄毅，多大略"，智勇双全，是个罕有的政治人才。在他还是皇太子时，多次劝其父李德明不要向宋朝称臣。李德明表示："我们长久以来一直处于战争状态，国耗民疲。而且，我们党项人三十年能衣锦服绮，都是宋朝的恩赐，不可轻易辜负。"李元昊大言："衣皮毛，事畜牧，乃我们蕃人的习俗。英雄在世，当图王霸大业，何必介意绵绮细事！"

继位后，李元昊励精图治，"明号令，以兵法勒诸部"，对党项诸部进行了更为严厉的控制，同时，恩威并施，常以会猎为名，每有所获，"则下马环坐饮，割鲜而食，各陈所见，择其所长"，很有亲民作风。同时，李元昊对西夏内部的官制下大力气进行改革，设立了中书、枢密、三司、御史台、翊卫司等一系列府衙，分由汉人、党项人统管，并分设蕃学和汉学，培养后备人才。当然，中央官制方面，李元昊大多搬袭宋朝的官制，但俸禄方面就比宋朝差得好远。

李元昊率西夏大军，大举进攻吐蕃，转战四方，四处攻城，取得瓜州、沙州和肃州三个战略要地。南还时，李元昊怕吐蕃兵追击，又举兵猛攻兰州诸羌部，并于凡州筑坚城，以免他日后侵宋时吐蕃兵会从他背后进击。

李元昊很有雄略，他在黄河以北布军7万，以备辽国；在盐州路布兵5万，以备坏庆等地的宋兵；在宥州路布5万兵，以备鄜延等地的宋军；在甘州路布兵5万，以备吐蕃和回鹘。同时，简选善射便马的壮士5千，号为"六班直"，以充御林军。

至此，李元昊拥有了夏、银、绥、宥、野、静、灵、盐、会、胜、甘、凉、瓜、沙、肃数州之地，他自居兴州，依山阻河，于1038年正式称帝，时年30岁。当然，称帝之事，怎么也要向宋朝有个交代，李元昊便派使臣去汴京，宣告自己称帝一事。

虽然他的国书写得很客气，但对于宋朝来讲，藩国一下子变成"友邦"，国王变成皇帝，是万万不能接受的大逆不道之事。

李元昊称帝，宋廷上下非常愤怒，马上下诏削夺李元昊官爵，还立刻断绝双方的互市，在边境张贴告示，称有斩李元昊之首者马上授予定难军节度使一职。李元昊闻讯一笑——宋朝的反应早在意料之内——他又派遣使臣，把宋朝先前赐予的旌节和诰敕皆封匣送回，书表语气傲慢无礼，再不拿宋朝当回事。

延州之战

当河西广大地区为西夏占有后，李元昊对西夏军队也花费不少精力进行整治和重新编制。首先，他以黄河为标界，在西夏国内把军队划为左、右两部厢军，设十二监军司，分别命以军名，规定驻扎地（宋朝也有类似厢军设置，如同今天的"军区"），由此，健全了西夏军队的指挥体系。

李元昊立国之初，西夏总军力已达50万人，这还不包括打大仗时从各部落征民为兵的人数。可以讲，李元昊当国时，西夏全民皆兵。

李元昊不仅拥有坚实的军事后盾，最重要的他还拥有一个主要由汉人组成的智囊团。西夏立国之初，"主谋议"的六个人，除嵬名守全是党项人，其他均是汉人：张陟、张绛、杨廓、徐敏宗、张文显。而且，教诱李元昊以"大略"侵宋的主心骨也是两个汉人：张元、吴昊。

张元、吴昊二人虽是书生，却熟知中国历史和军事战略，他们力赞李元昊进取关右之地，占领关中，向中原腹地挺进。同时，与辽国联合，让契丹人在河北进袭宋朝，最终使宋朝两面临敌，"一身二疾，势难支矣"。这些策略，皆是一剑封喉的毒招，无论哪一招成功，宋朝都会有亡国之忧。

当时，宋朝在西北的主要负责人，一是泾州知州夏竦，二为延州知州范雍，此二人不仅仅是文职，皆"加兼经略使、步骑军都总管"，是西北方面人、财、物、军一把抓的两大巨头。夏竦此人，是力襄宋真宗"天书封祀"中的"五鬼"之一，但此人极富才干，是一位有远谋的官吏。对于当时西夏的形势，他有非常中肯的分析："（李）继迁当（宋）太宗时，遁逃穷困，而累岁不能剿灭。先帝（宋真宗）惟戒疆吏，谨烽堠，严卒乘，来即逐之，去无追捕。然自灵武陷没，银（州）绥（州）割弃以来，假朝廷威灵，其（西夏）所役属者不过河外小羌耳。况（李）德明、李元昊相继猖獗，以（李）继迁（之）穷蹙比李元昊（之）富实，势可知也；以先朝（太祖以来）累胜之士较当今关东之兵（宋朝边军），勇怯可知也；以兴国习战之师方（比较）今沿边未试之将（没经过大战阵的宋将），工拙可知也……若（宋军）分军深入，粮糗不支，进则贼避其锋，退则敌蹑其后，老师费粮，深可虞（忧）也。若穷其巢穴（指进击银川），须涉大河，长舟巨舰，非仓促可具。若浮囊挽缰，联络而进，我师半济，贼乘势掩击，未知何谋可以捍御！"紧接着，夏竦针对西北边境形势，进呈十条建议：

一，教习强弩以为奇兵；二，羁縻属羌以为藩篱；三，诏唃厮啰父子并力破贼；四，度地形险易远近、砦栅多少、军士勇怯，而增减屯兵；五，诏诸路互相应援；六，募土人为兵，州各一两千人，以代东兵；七，增置弓手、壮丁、猎户以备城守；八，并边小砦，毋积刍粮，贼攻急，则弃小砦入保大砦，以完兵力；九，关中民坐累若过误者，许人入粟赎罪，铜一斤为粟五斗，以赡边计；十，损并边冗兵、冗官及减骑军，以舒馈运。

夏竦提出的这十条建议都言之凿凿，有利有理，朝廷大多采用。但是，当时的朝中大臣和边境将领，多主张征讨，反认为夏竦胆怯。

宝元二年（1039）年底，李元昊命西夏军队进行试探性进攻，首先攻击宋朝的保安军（陕西志丹县），不巧的是，保安军当时的巡检指挥使狄青善战，把西夏军打得溃败而走，没有捞得任何便宜。

狄青，字汉臣，汾州人，由于善骑射，多武艺，他得以在皇家御林军服役。李元昊称帝后，狄青以"延州指使"的官职被发往边疆效力。

"时偏将屡为所败，士卒多畏怯。""（狄）青行常为先锋"。四年之间，狄青大小二十五战，身中八创，"破金汤城，略宥州"，又屠灭叛服无常的岁香、毛奴、尚罗等蕃族部落，很似日后的左宗棠将军，无妇人之仁，有大将之度，恩威并施，敌莫敢犯。狄青打仗，身先士卒，常披散头发，面戴一狰狞铜面具，"出入贼中，皆披靡莫敢当"。

后来，狄青由经略判官尹洙推荐给负责西北边事的韩琦、范仲淹，"二人一见奇之，待遇甚厚"。范仲淹亲自把自己所研读的《春秋左传》赠予狄青，励劝道："为将不知古今忠义之事，只不过是匹夫之勇。""（狄）青折节读书。悉通秦汉以来将师兵法，由是益知名。"日后，皇佑年间，狄青率军击破侬智高叛乱，回朝得封枢密使，此是后话，在此不表。

康定元年（1040）开春，李元昊自率大军，以宋朝延州为目的地，揭开了大规模战争的序幕。

当时，时任振武军节度使、延州知州的范雍正在延州。这位范老夫子人品不错，在朝廷中颇有口碑，但兵事方面欠缺远略深谋。宋真宗死后，供奉"天书"的宏丽宫殿群昭应宫被雷击起火焚毁，刘太后欲重修，正是范雍抗言："先朝以此竭天下之力，遽为灰烬，实乃上天惩戒！"终于使宋廷未再劳民伤财。正直归正直，范老夫子得知李元昊西夏大军要拿自己的延州开刀，忙上表奏称："延州最当贼冲，地阔而砦栅疏（周边防御工事少），近者百里，远者二百里，士兵寡弱，又无宿将为用，请益师。"但是，范雍要求增兵的表奏并未引起朝廷重视，不报。

李元昊选择范雍的延州为攻击目标，并非仅仅因为范老夫子怯懦，而是经过深思熟虑做出的精心布置。宋夏两国以横山为界，东起麟州（今陕西神木），西到原州（今甘肃镇原）、渭州（今甘肃平凉），绵延1000多公里。李元昊称帝后，宋朝在这条边界线上不断派军驻防，经过数次进兵侵扰及试探性进攻，李元昊选定延州（今延安）为攻击目的地，看中的正是鄜州（今陕西富县）、延州一带通路畅阔，便于进攻。

首先，李元昊展开军事行动后，又派使人送信于范雍，表示自己要与宋朝议和，老夫子"信之，不设备"。其次，李元昊猛攻延州外围的李士彬所率各部军事据点。李士彬当时是宋朝的金明都巡检使，他本人就是党项族酋长，掌有十八寨近十万众的彪悍羌兵，驻扎于延州北面的金明寨。对于这个党项老敌手，李元昊暗杀计、反间计、奇袭计等用个遍，一无所成。最后，反倒是"骄兵计"成功，西夏军每逢李士彬交战，招架几次就"溃退"，还高声叫唤："铁壁相公（李士彬的外号）来了，我们赶快逃命吧。"如此一来，李士彬颇为自负。同时，李元昊还派遣一批又一批党项部落向李士彬"投降"，面对汹涌而来的党项人，李士彬自己不好处理，就上报"上级"延州老夫子范雍，要求把这些党项降人迁居到远离西北边境的南方安置。范雍文士，没有军事计谋，反想"以夷制夷"，厚赏这些西夏降人，并让李士彬把他们编入金明寨周围的各个军事据点。李士彬不好违背上级命令，只得照办，等于宋朝的各个砦堡安置了为数众多的"定时炸弹"。

果然，安排停当后，一声炮响，李元昊诸军突然发动攻击，事先诈降的党项人纷纷而起，金明寨等十余个延州以外的宋朝军士据点皆被西夏人占领，李士彬父子也被擒杀。李元昊大军乘胜优势直至延州城下。

范雍肝胆俱裂，一面命人紧闭四城拒守，一面派人带信急召当时屯守庆州（今甘肃庆阳）的鄜延路副总管刘平和石元孙。刘、石二人闻信苍猝提兵，直趋土门（今陕西安塞）。然后，这部宋军未得休息，又经保安、万安镇向延州方向驰进。鄜延都监黄德和、巡检万俟政以及巡检郭遵都接到范雍的告急书，也同时往延州方向集结。李元昊早已得知宋军动向，便在三川口（今延安西北）设下埋伏，静待诸路入套的宋军。

刘平与诸将会合后，集步骑一万多人，结陈东行。走了五里，终于遇见严阵以待的西夏兵。当时，天降大雪，"平地雪数寸"，两军均摆偃月阵，一时相持。很快，西夏军渡水而前，改为横阵，宋将郭遵率骑兵荡阵，"不能入"。刘平指挥宋军全力压上，"杀敌百人"，西夏军退却。忽然，西夏军又"蔽盾为阵"，宋军又发动进攻，"击却之，夺盾，杀获及溺水死者几千人"。混战之中，刘平的脖子和耳朵皆被流矢射穿，血流遍体，乍为小胜，又至日暮时分，宋军兵校纷纷手持人头，牵着所缴获的马匹拥至刘平面前请赏，刘平忙说："现在敌人未退，你们各部派人记下各自的功劳，战后一定重赏。"话音未落，西夏兵忽然又来一拨，"轻兵薄战"，宋军稍稍退却。其实，时前时退，是对阵交战双方军队常见的事情。关键时刻，远居后阵的宋将黄德和胆怯，见前军小退，他马上召集麾下往回狂逃。"众从之，皆溃"。一时间的从众心理，使本来一直在搏战中占上风的宋军忽然就掉头一齐往后跑。刘平见状，马上派自己的儿子刘宜孙乘马追赶黄德和，拉住他的马苦劝："万望将军勒兵回击，合力击贼，不要错失良机。"黄德和不听，纵马驰奔而去。刘平无奈，"伏剑遮留士卒，得千余人。转斗三日，贼（西夏军）退还水东"。可见，宋兵此时的战斗力仍很顽强。特别是宋将郭遵，独出奋击，"期必死，独出入行间"，手持大槊横冲直撞，如入无人之境。西夏军知道此将不可当，派数人在一狭窄处持数条长绳欲拦截郭遵，均为这位猛将挥刀斩断。最后，西夏特派一股部队，边斗边佯败，诱郭遵深入，然后万箭齐发，才把这位猛将射死。郭遵上阵时所用铁铜、枪、槊，有九十多斤重，"其后耕者（农民）得其器于战处"。宋廷对这位郭将军非常惋惜，加封其父母，宋仁宗还亲自为其年幼四子起名。

刘平率众退至西南山，"立七栅自固"。半夜，西夏集大兵围攻，"四出千合击，绝官军为二"，苦战不支，宋军绝大部分战死，刘平、石元孙皆为西夏军生俘。

三川口之战，西夏虽大胜，但因天降大雪，加之延州城坚，并未能一举攻克延州。不久，得知其余几路西夏军遇败，补给又不济，李元昊只得下令退兵。

好水川之战

三川口大败后，宋廷在中央追究责任，罢张士逊的相位，由吕夷简接任。同时，宋廷又命韩琦为陕西安抚使，协助总统西北防御的陕西经略安抚使夏竦。又任范仲淹为陕西都转运使。由于先前与宰相吕夷简不和，范仲淹被斥为"引用朋党"，贬为饶州、越州等地为官。正是韩琦力荐，他才得以被重新起用担当大任。不久后，宋廷又下诏任韩琦和范仲淹同为陕西经略安抚副使，韩琦主管泾原路，范仲淹主管鄜延路。

当时，天下太平，武备不修，边防弛废，将帅乏人，而且，当时的戍边军事指挥机制也成问题。北宋设枢密院和中书省，并称"二府"，由枢密院主管军务，由中书执掌政务，政务与军务严重脱节，同时，宋初以来，皇帝严格控制用兵之权，每有战事需要出征，都是皇帝"以阵图授诸将"，且实行内廷监军制度，将帅可便宜处之的余地很小。直到康定元年晏殊、宋绶等入主枢密院，晏殊、富弼等"请令宰相兼领枢密院"，要求仁宗允许参知政事与枢密使同议边事，废除内廷监军制度，情况才有所改观。

范仲淹一到任，首先改变御敌策略。之前敌军来攻，宋军总是以最小的武将先出御。对此，范仲淹深恶痛绝，"将不择人，以官为序，取败之道也"。他大阅州兵，简选一万八千精锐，"分六将领之，日夜

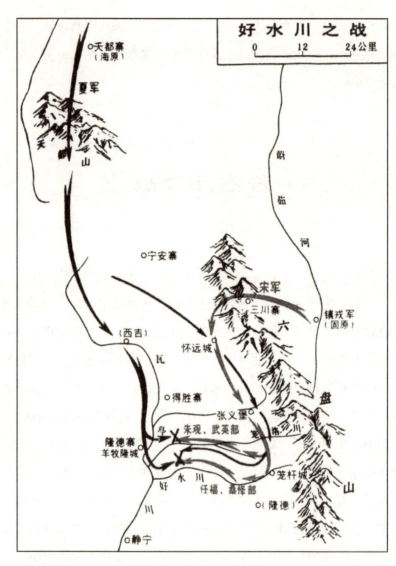

好水川之战示意图

训练，量贼众寡，使更（轮流）出御。"如此，既通过了战斗练将，又
达到了实战练兵。西夏人知道新来的范仲淹不好对付，相互诫道："今
小范老子（范仲淹）腹中自有数万甲兵，不比大范老子（范雍）可欺
也！"范仲淹还跟人四处修建防御堡垒，并建郦城为康定军，加强抵御
西夏的军力。

康定元年（1040）十月，李元昊又连下乾沟、乾福、赵福三大军事据点，咄咄逼人。韩琦马上命令时任环庆副总管的任福率兵七千，夜行军七十里，突袭白豹城，击败驻守的西夏士兵，"焚其积聚而还"，予西夏人以震慑；鄜州判官种世衡也审时度势，急率军赶赴踞延州东北二百里外的宽州，筑垒营墙，起清涧城，"右可固延安之势，左可致河东之粟，北可图银（州）夏（州）之旧"。

庆历元年（1041），鉴于李元昊攻势转剧，宋仁宗遣使向主持西北军政要务的夏竦问计，夏竦派副使韩琦和判官尹洙诣阙入对，呈上攻守两个方案，任凭宋仁宋选取其一。宋仁宗当时32岁，认定要对西夏展开攻势。他不顾朝中大臣的反对，"诏鄜延、泾原（两路）会兵，期以正月进讨"。范仲淹上奏，认为正月塞外大寒，应该慎重行事。宋仁宗点头，下诏让西北诸师"应机乘便"，择时向西夏进攻。

进攻还是防守，韩琦与范仲淹各执己见，且各有各的道理。范仲淹认为"战者危事，当自谨守以观其变，未可轻兵深入"，主张防守；韩琦认为，如果一味固守，将士必无进取锐志。李元昊"倾国入寇，不过四五万（军士），老弱妇女，举族而行。吾（守军）逐路重兵自守，势力分弱，故遇敌不支。若大军并出，鼓行而前，乘敌骄惰，破之必矣！今中外不究此故，此乃待贼（西夏）太过。屯二十万重兵，只守界壕，中夏（华夏）之弱，自古未有"！韩琦派尹洙亲至延州见范仲淹，范仲淹坚持己见，认为防守乃最上之策。尹洙叹道："公于此不及韩公也。韩公言：'大凡用兵，当置胜败于度外。'"范仲淹不听。

宋朝边地主师，范雍、夏竦、韩琦、范仲淹，皆是儒臣出身，"不能身当行阵，为士卒先"，但宋朝立国以来的国策就是在最大程度上限制武将权力，矫枉过正，使狄青等有勇有谋的能将总是处于接受命令的"鹰犬"地位，缺乏大战中能身临前线、知兵知将的军事统师。当然，韩琦、范仲淹绝非怯懦文士，二人胆识皆备，但时兮命兮，造化弄人。

庆历元年（1041）三月，正当韩琦巡事军务走到高平，李元昊派军进攻渭州的消息忽然传来，兵逼怀远城。韩琦闻报，马上驰至镇武戒军（今宁夏固原），尽出其兵，又招募勇士一万八千余人，交予环庆副总管任福统领，以耿傅为参谋长，泾原都监桑怿为先锋，"朱观、武英、王珪各以所部从（任福）"。

韩琦在任福出发前交代得一清二楚：自怀远城经得胜寨（今宁夏西吉东南）直趋羊牧隆城（今宁夏西吉西北），出敌之后对西夏军发动攻击。各堡垒相距才四十里，道路便利，辎重在近，审时度势，能打就打，不能打就"据险置伏，要其归路。"韩琦所述，足见其成竹于胸，文韬武略，确实不同凡响。"及行，诚之至再。又移檄申约，苟违节度，虽有功，亦斩"！

庆历元年（1041）阴历二月二十二日，宋将任福率轻骑数千先发，直趁怀远捺龙川（今宁夏固原彭堡），与镇戎西路的两位宋将合军，在张宗堡以南大败西夏部队，斩首数百。"敌弃马羊、囊驼，佯北（败），桑怿引骑趋之，（任）福躏其后"。刺探情报的宋军尖兵来报，声言西夏兵很少，任福等人顿失警戒之心。宋将武英认为西夏兵可能潜伏，诸将不听。傍晚时分，任福与桑怿合军，在好水川（今宁夏隆德）屯军。朱观、武英也屯军于五里以外的笼络川（今宁夏西吉东南），相约"明日会兵川口，必使夏人匹骑无还。"其实，李元昊率十万大军，已经沿瓦亭川南下，在好水川、姚家川西侧的谷口设下埋伏，先前西夏"败军"，就是引宋兵深入的"诱饵"。

"路既远，粮饷不继，士马乏食者三日"。轻装奔袭未带足够的粮草，宋军人困马乏，沿好水川西行，出六盘山下，在距羊牧隆城五里的地方，忽然发现已经列阵严待的夏军。"诸将方知堕敌计，势不可留，遂前格战"。前锋桑怿发现道中有数个封闭紧严的银色泥盒，其中有跳跃扑腾之声，"疑莫敢发"。任福赶到，桑怿请示后才敢启开泥盒，

"乃是哨家鸽万余，自中起，盘旋军上，于是夏兵四起"。这种以信鸽当诱引让对方上当自己开启以充进攻号令的缺德伎俩，实乃李元昊原创，前无古人，后无来者。

虽知中伏，宋军并未气馁，桑怿首先跃马冲阵，想给任福争取时间布阵。西夏部队毕竟是等候多时，准备严密，立刻派出铁骑轮番突阵，冲荡多时，终于把宋军阵形冲乱。宋军见势不妙，众将校还算稳重，各自指挥部众分头冲杀，想占据有利地形制敌。突然，山上忽然树起西夏创制的命旗鲍老旗，左挥，左边伏兵起，右挥，右边伏兵起，西夏的埋伏军士皆凭高而下，"自山背下击"，宋军士卒多被杀或堕下山崖摔死。先锋任怿等人首先战死；同时，西夏又分数千精兵断绝宋军退路，形成合围之势。任福力战，身中十余箭，仍挥四刃铁简，挺身决斗。其属下小校劝他乘间突围，任福表示："吾为大将，兵败，以死报国尔！"最后，西夏兵涌上，乱战中一枪直贯其颊。任福知大势已去，抽刀自刎。双方合战时，宋将王珪自羊牧隆城引四千四军驰援，在宋将朱观的军阵西侧布阵，并屡屡身先士卒，荡突敌阵，但西夏兵多，"阵坚不可破"，知道大势已去，王珪东望再拜以示必死之心，然后"复入战，杀数十百人，鞭铁挠曲，手掌尽裂，奋击自若"，三次换马，击杀数十成百的西夏兵，最后眼睛中箭而死。"敌后益至，官军大溃"，宋将武英、赵津等人相继英勇战死，"士卒死者（一）万三百人"。诸路宋军，唯朱观一部率千余人退保于民垣，凭掩护向四处射箭击敌，恰值日暮，西夏兵引退。此次战役，宋军前后损失任福等多名大将，士卒死伤七万多，消息传出，"关右大震"。

任福、王珪诸人，皆是以禁卫军官起家的大将，"好水川之败，诸将力战以死。噫，趋利以违节度，固失计矣；然乘义不屈，庶已烈士者哉"！史官之论，确实公允。宋廷对阵亡将官各有赠谥，抚恤甚厚。

追究责任，韩琦先上书自劾。夏竦派人收拾宋军尸体，在任福的

衣装中得到韩琦嘱诚诸将的公文，上表称好水川之役失败责任不在韩琦，"犹夺一官，知秦州，寻复之"。韩琦回军路上，阵亡将士家属数千人遮马嚎哭，抛散纸钱，向空中哀诉："你们先前跟从韩招讨出征，现在韩招讨回来了，你们都死了，希望你们的亡灵也能跟韩招讨一起回来！"哀恸之声震动天地，韩琦本人"掩泣驻马不能进"。范仲淹闻此，也叹惜道："此情此景，再难置胜负于度外！"

西夏军大胜后，李元昊的军师张元看见好水川内遍布的宋军尸体，大喜。他趾高气扬地在界上寺墙壁上题诗一首："夏竦何曾耸，韩琦未足奇。满川龙虎辇，犹自说兵机。"自得之意，溢于言表，并在诗后题言："（西夏）太师、尚书令、兼中书令张元随大驾至此。"

🌸 定川寨之战 🌸

好水川大胜后，李元昊派使臣送书信于范仲淹，"语极悖慢"，范仲淹气愤，在夏使面前烧毁来信。宰相吕夷简认为："人臣无外交，范仲淹先前擅自与李元昊通信（劝李元昊与宋和解），今得其书又焚而不奏，别人哪敢这样干！"于是，朝廷下旨，调查范仲淹与西夏通使焚书之事。

范仲淹辩称："我先前与李元昊通书，意在诱谕其归顺。任福军败，李元昊来书悖慢，为臣以为，朝廷如见书而不能讨，则辱在朝廷。故而我当着僚属之面焚毁来书，以使悖慢之辞不得见于朝廷。"话虽有理，宋廷仍将范仲淹官降一等。

庆历元年（1041）秋，宋廷免去夏竦的西北统帅之职，"分秦凤、泾原、环庆、鄜延为四路，以韩琦知秦州，王沿知渭州，范仲淹知庆州，庞籍知延州。"分别领兵命将，以抵御西夏的进袭。夏竦此人，"雅意在朝廷，及任以西事（西北抗夏），颇依违顾避，又数请解兵柄"。所以，宋廷让他改判河中府，他自己也乐得接受，其本意是复返汴京做执政。在西北三年，除了上奏"十事"之外，夏竦基本没有任何建树，而且外出巡边还在军营中带美婢玩乐，几乎导致军变。

范仲淹到庆州后，招抚诸羌，以诏书大行犒赏，"诸羌皆受命"，由于范仲淹曾为龙图阁学士，羌人敬称其为"龙图老子"。他又在庆州西北的马铺寨筑大顺城，并派遣其年方十八岁的儿子范纯佑与兵将前往，抵拒了西夏兵的数次侵扰。

深秋时节，兵强马壮之时，张元又撺掇李元昊向镇戎军进攻，最终目的是经渭州长驱直入，进击关中地区，"东阻潼关，隔绝两川贡贼，则长安在掌中矣"。对于张元，李元昊自然是言无不从，立刻又点集十万精兵，两路出兵，准备合师镇戎军（今宁夏固原）。

渭州知州王沿虽不太知兵，手下毕竟参谋不少，马上下令副总管葛怀敏率诸寨兵出御西夏军，分兵四路，直奔定川寨（今固原以北，葫芦河以西）。同好水川之战一样，李元昊早已在定川寨布置好埋伏，烧断河上木桥，堵住宋军的突围必经之路。

正如李元昊所料，阴历九月二十一日，葛怀敏刚刚与诸将于定川寨刚会合，四周顿时就涌现无数西夏兵马，拔栅逾壕，四合进攻。西夏军又阻断定川水泉上流，截断了宋军的水源。无奈，葛怀敏只得硬头皮出寨，布下军阵。西夏军猛攻中军，宋军不动。西夏军掉头，又猛攻东北隅的宋将曹英一军。关键时刻，忽然刮起东北风，宋军迎风列阵，一时大乱，军阵遂溃，兵士皆掉头往定川寨里面奔逃。宋将曹英本人面中流矢，被射翻于城壕之中，葛怀敏手下亲军"见之亦奔骇"。更倒霉的是，由于宋军往回逃，正在阵中指挥的葛怀敏被溃兵挤下马，几近被踩

踏至死，幸亏由卫士抬回寨中，"良久乃苏"。宋军逃回寨内，据守城门，杀掉不少夏兵，"敌众稍却，然大军无斗志"。

当晚，西夏兵在寨外四面举火，高呼要宋军投降。葛怀敏、曹英等商议好久，也决定不了突围去哪边。直至凌晨，葛怀敏自己下决定，准备结阵而出，向镇戎军方向突围。有宋将认为应该迂回行军，葛怀敏不从，执意要直接突围奔趋镇戎军。

宋军还算英勇，近万人马冲出重围，向东南竟然还跑出二百里地。但是，到了长城濠一带，宋军发现西夏军早已切断退路，以逸待劳，从四面冲杀过来。激战过后，全部宋朝官兵近万人，包括葛怀敏、曹英等将领十六人，皆力战而死。

击败葛怀敏宋军，西夏军取得大胜，李元昊"长驱抵渭州，幅员六七百里，焚荡庐舍，屠掠民畜而去。"幸亏诸路宋军坚壁固守，范仲淹率军来接，加之陕西诸路二十余万驻兵的牵制，以及吐蕃诸部在西夏背后的"埋伏"，李元昊才没能重新上演一出五胡时代天翻地覆的大戏。

定川寨大败之后，宋廷上下心灰意冷，再不做进攻的妄念，专心守土。特别是韩琦与范仲淹，"二人号令严明，爱抚士卒，诸羌来者，推诚抚接，咸感恩畏威，不敢轻犯边境"。西北民众也有民谣："军中有一韩，西贼闻之心胆寒；军中有一范，西贼闻之惊破胆。"当然，"西贼"（夏兵）既未胆寒也未破胆，只是因为多年战争，杀人一万，自损三千，西夏的国力也因战争大损，民不聊生，故而暂缓了对宋朝的军事进攻。同时，由于宋朝答应每年增加辽国二十万"岁币"，辽朝好处拿到，不再向宋朝施压，反而"义劝"西夏收手。在此情况下，如果再发动大规模战争，李元昊自己也不敢保证契丹人做出什么事情。

宋夏三次大战，皆以西夏胜利告终。总结原因，不外有以下几点。

其一，李元昊总兵数虽少于宋军，但每次大战皆是集中优势兵力，一举歼灭宋军一部主力；反观宋朝，战线拖沓，兵源分散，被动应付。

其二，知己知彼，百战百胜。无论是宋军的动向以及作战地形，西夏军皆事先成竹在胸，反观宋军，数次贪功冒进，连间谍、尖兵侦知的情报都百分百不实，不败才怪。

其三，游击战术，转战不疲。李元昊常常声东击西，偏师屡出，令宋军如堕云里雾里，乖乖受骗。

宋叶适言："国家因唐、五代之极弊，收敛藩镇之权尽量于上。一兵之籍，一财之源，一地之守，皆人主自为之也。欲专大利而无受其大害遂废人而用法，废官而用吏，禁防纤悉，将与古异，而威柄最为不分……故人才衰乏，外削中弱……"所以，宋朝重文抑武现象，乃开朝就立为国策的"原则"，矫枉过正，日后终成衰弱之源。

军中有一范，敌人心胆寒

庆历元年以来，西北边关虽战事不断且有几次败迹，但经范仲淹、韩琦等人的精心筹划和全力督抚，事实上局面已经开始有了较大改观。到庆历二年（1042）末，重新经过一番调整部署，更是规模完备了。

与此同时，朝廷也改革了原来由朝廷遥控指挥军事的弊政，准许范仲淹、韩琦如有紧急军务来不及请示朝廷，可以自行处置。关于这一点，此前晏殊、张方平、文彦博都向仁宗提出过自己的建议。晏殊在接任枢密使时就建议由枢密与参知政事合议边事并废除内臣监军制度，给边帅以实权。张方平上书朝廷，提出"合枢密之职于中书。"文彦博则认为，西北边关受到西夏侵扰以来，军务仍然由朝廷遥控，边关将帅连处罚那些临阵畏缩、不战脱逃者的权力都没有，号令难行，赏罚不速，无法鼓励士气，惩戒殆惰。这种情况不改变，是很难打胜仗的。朝廷接受这些建议，终于改变了原来一直严格由皇帝制控兵权的做法，给范仲淹、韩琦以便宜处置的主动性。这对于边关战事无疑是有好处的。

范仲淹与韩琦主持西北边事，携手不疑，世称"韩范"。他们部署得当，号令严明，爱抚士卒，使边关将士能戮力同心，西夏再也不敢小觑北宋边军。当时边关就流传着这样一首歌谣："军中有一韩，西贼闻之心骨寒；军中有一范，西贼闻之惊破胆。"在范仲淹、韩琦的共同经略之下，真的在"不数年间"使边事逐渐趋于平定了。

在抓紧边关军事部署及边军建设的同时，范仲淹更着力于边关长远建设。他一方面大力修筑边关堡寨，另一方面十分重视少数民族的安抚、团结工作。泾原路原州（今甘肃镇原）有明珠、灭藏、康奴三个羌族部落，拥兵数万，势力最大，且与西夏往来很多。泾原路曾经筹划以武力进剿，使之臣服，范仲淹反对如此做法。他上书朝廷，认为这些羌族部落据险而守，攻之不利。且他们平时即心怀反侧，武力之下，他们更是要和西夏联手，互为表里，南入原州，西扰镇戎，东侵环庆，边患也就没有可以止息的时候了。他建议可以北取细腰、胡芦，在此修筑堡寨，这样既断绝这些羌族部落与西夏的往来，又能保护他们不受西夏侵扰，使他们能够安定。而且如此一来，还同时打通了环州与镇戎间的通道，使边关防务能够成就首尾之势，边事也就可以无忧了。范仲淹与韩琦同领陕西四路军事，按计划乘西夏不备，全力占取细腰、胡芦并修筑堡寨，实现了这一构想。细腰、胡芦等堡寨修成，不仅断绝了西夏与这些少数民族部落的往来，范仲淹还在他们之中招募被称为"熟户"的归化者作为弓弩手，在寨城周围分给他们土地，给予优惠尽量使他们得以富足。这些弓弩手后来成为边军劲旅，战斗力远远超过属于朝廷直接统辖的陕西"禁兵"，以至西夏兵再也"不敢辄犯其境"了。

范仲淹对这些少数民族部落都真诚相待，"诸羌来者，推心接之而不疑"，据欧阳修撰《范公神道碑》，当时为控制羌族部落，军帐中常留住有羌族酋长的儿子为人质，但范仲淹并不把他们看作人质，让他们自由出入于军营，而这些人也没有一个逃走，而有蕃酋来见，范仲淹常召入卧室之内，撤去警卫，"与语不疑"，与他们结下深厚友情。

西北烽烟

第六章

庆历新政

庆历三年（1043），北宋与西夏之间初步达成和议，仁宗迫不及待地将55岁的范仲淹从西北前线召回中央任枢密副使。同年八月，范仲淹升任参知政事。

在仁宗的支持下，范仲淹开始了以整顿吏治为核心的新政，史称『庆历新政』。他力图使有才能和德行的人得到提拔和重用，这是范仲淹的理想，也正是仁宗孜孜以求的目标。但是，改革从根本上触及了许多官员的既得利益，赞成改革的人实际上并不多，施行不久就受到多方面的攻击。

庆历五年（1045）初，范仲淹、韩琦、富弼、欧阳修等人相继被排挤出朝廷，各项改革也被废止。

移调京师

庆历三年（1043），自正月开始，朝廷政局就开始发生变化。

变化从西夏主动遣使议和开始。正月，李元昊派使臣至延州，并携有西夏求和国书。不过国书不用北宋年号，对宋也只称子而不称臣。西夏连年与宋交战，物耗很大，国力空虚，宋、夏久不通市，以至夏民"饮无茶，衣无帛"。而且，西夏内部也出现了明显的厌战情绪。鄜延路经略安抚使庞籍依据这些现实情况，判断此次西夏求和是有诚意的，他在给朝廷的上书中也明确表示了自己的这一判断。尽管如此，他在接待夏使时，仍然以西夏国书不用宋"正朔"又不称臣为由，申明自己不敢就此向朝廷上报。夏使则申述称子即如称臣，"子事父，如臣事君"。因此希望能至京师觐见仁宗，以显示求和诚意。朝廷得知这一情况，密告庞籍，以为只要李元昊答应称臣，即使僭号，亦且无妨。夏使被允许至汴京。四月，朝廷又派邵佐良出使西夏，带去封李元昊为夏国主，年赐茶三万斤，绢十万匹，并在保安、高平设榷场进行互市等议和条件。

根据边事局势的变化，朝廷开始宰执大臣的调整。

年初，孙沔上书弹劾前后三次为相、执政多年的吕夷简，指责他"黜忠言，废直道"，姑息侥幸，任事推诿，致使郡守县令称职能事者十不得一，且法令无常，士民嗟怨。上书中希望仁宗乘边事渐息之机振修纲纪，选贤与能，以求国事振兴。此前吕夷简已因病上书请求退休，他任宰执多年，本来一直为仁宗所倚重，但这次仁宗接受了他的辞呈，

准许他因病致仕。三月，吕夷简罢相，由章得象接任相职，同时擢杜衍为枢密使，任命富弼为枢密副使。

富弼与范仲淹志为同道，义兼师友，也是一位许国忘身的人。庆历二年（1042），宋、辽发生关南11县的领土之争，朝廷择使使辽，不少人以"其情叵测，不敢行"，吕夷简举荐富弼。当时欧阳修以此次出使实在危险，不同意富弼出行，富弼自己入见仁宗，以"主忧臣辱，臣不敢爱其死"，自求使辽。他先后两度奉命使辽，为宋、辽重新修好，做出了极大努力：第一次出使时女儿夭折，不顾而行；第二次出使时妻子临产，又是不顾而行；在辽时，每得家书，拆也不拆就扔到一边，说是拆看了，于事无补，反而徒乱人意。当时他只是一个谏官，朝廷在他使辽前拟晋其职为礼部员外郎、枢密直学士。他说："国家有急，义不惮劳，奈何以官爵赂之？"最终不受而行。

四月，范仲淹、韩琦也同时被任命为枢密副使移调京师。

这一次的任命，对于范仲淹、韩琦来说，既出乎他们的意料，同时也是他们不愿意接受的。原因无他，边关还没有真正归于平静安宁，他们还不能相信西夏真的就能从此罢兵休战。范仲淹在《与朱校理书》中就谈到："十六日被旨赴阙……为边事未宁，防秋在近，乞且留任……入则功远而未济，后有边患，咎归何人？军民亿万，生死一战，得为小事耶？"

为此，范仲淹与韩琦连续五次联名上书朝廷请辞枢密之职，希望能够得到允许继续留任边关。在他们看来，自西北边关有事以来，边关主帅数次改易，这本来就是用兵之大忌，但边将乏人，朝廷不得已而如此，也情有可原。只是他们自己自康定元年（1040）至今，任事边鄙已历四载，经划边事虽无大的成效，但"其如军中之事，粗已谙详"。之前定川兵败之后，边关重新调整部署，"奏选将佐，促治城寨，阅习军马，完备器械，为向秋之备"。并思"与将佐合心，持重御捍"，最终

"讨服横山界近藩"，彻底消除边境祸患。如今虽然西夏请和，但"以四十年恩信"尚"一旦翻覆"，他们的请和诚意不能不让人怀疑。何况道途传闻，西夏又在点集兵马，如此更是不能不防了。他们以为，如果自己"贪冒宠荣，辄便舍去"，将使边关防务又陷于帅臣数易之弊。而且，"当经营秋防之际，动易帅臣，送故迎新，众情自扰，则于御捍之事，不无废阙"。假如边事又起，害及生灵，情何以安！到那时即使甘心伏诛，也于国于民无任何补益。

在数次上书中，范仲淹、韩琦也一再申述，对于个人来说，处劳而思逸，重内而轻外，本来是人之常情。就他们自己来说，自从莅临边事，"久阻阙廷"，此次能得召赴阙，参决朝政，本来也是心之所望。如今再三请辞，不肯上道，在旁人看来，也许是自甘"置身艰苦，违人情之所乐，以矫时干誉"。但事关边境安宁，国家安危，实在利害甚明，情出无奈。他们希望朝廷能够理解他们的一片忠诚，准其所请。他们愿意勤勤恳恳，竭力塞下，待边事彻底宁靖之后，再"归朝未晚"。

朝廷这一次没有接受范仲淹、韩琦的辞让。二人在无可奈何中踏上去往京师的路途。

自景祐四年（1037）十二月因言忤宰相被贬出京师，到此时应召赴阙，弹指间已经是六个年头。六年前范仲淹出京时，心情是沉重的。六年后他得以重返京师，心情也是沉重的。

朝廷大换班

范仲淹、韩琦终于应召赴阙，至京师到任。到京不久，范仲淹又由枢密院入中书，进参知政事。

　　范仲淹这一次应召赴阙，是应该可以大展宏图，成就一番更大的事业的。这不仅仅是因为他以枢密副使入中书参知政事，已经事实上位列执宰，而且，这一次朝廷执政大臣可以说来了一个大换班。吕夷简去职之后，新任相职的是晏殊、章得象，杜衍任枢密使，韩琦、富弼为枢密副使。这些当朝执政者，可以说大体都是当时堪称贤明之士。晏殊当时已名满天下，且与范仲淹有师友之谊。章得象虽史称其任相职期间"无所建明"，但就其为人而言，应该还是相当不错的。《宋史》载，他"在中书凡八年，宗党亲戚，一切抑而不进。"任相职不久，他"章十上请罢"，仁宗不得已而"许之"。说明他也并不是一个全无原则且专权贪位的人。杜衍则是范仲淹非常尊敬的人，范仲淹"尝父行事衍"。《宋史》称他"好荐引贤士，而沮止侥幸。"庆历新政失败后，范仲淹、富弼受到来自各方面的攻击，仁宗也有罢他们政事的意思，"衍独左右之。"

　　谏官职任也有了新的调整，欧阳修、蔡襄、余靖、王素等人被任命为谏官，时称"四谏"，亦誉之"四贤"。

　　欧阳修是北宋文坛的领袖人物，蔡襄是宋代最为著名的书法家，余靖在景祐中范仲淹遭朋党之灾被贬时也因直言反对而被逐。王素是北宋名相王旦第四个儿子，《宋史·王素传》记，西北边事日炽，"适皇子生，（帝）将进百僚以官，惠诸军以赏。"王素不同意这种作法，以为应该"留爵秩以赏战功，储金缯以佐边费"。宦官王德用向皇帝进二女子，王素建议皇帝将她们从自己身边遣开，皇帝舍不得，说是这两个人已经侍奉自己左右很久了。王素直言道："臣之忧正恐在左右尔。"这也是一个敢于犯颜直谏的人。北宋时期，谏官是一个重要职务，在政治生活中起着不可小觑的作用，与御史台丞合称"台谏"，有权就任何朝廷大事发表意见，并对宰执大臣以至皇帝的不当加以谏止。

范仲淹、韩琦这一次应召赴阙，表面上看来是得到了大展宏图的机会，其实也埋下了不那么顺利的种子。比如以夏竦为首的被退一党，从一开始就对杜衍、范仲淹、韩琦等人心存恼怒，而且目标确定之后就积极谋划着伺机出击。这里的直接原因，是任命给杜衍的枢密使之位，原来是任命给夏竦的。此前夏竦由陕西召回判知蔡州。他在被解除陕西经略安抚使的职务时，就曾被任命为枢密使，由于吕夷简的反对，才判知蔡州。吕夷简因病求退，为消除旧怨，向仁宗推荐了他。召夏竦为枢密使的任命下达后，遭到来自朝野内外很多人的反对，说他任边帅期间办事不力，胆小畏缩，一无建树，且有暗交内侍的形迹。于是夏竦由蔡州改知亳州，杜衍由枢密副使擢为正使。

十项改革主张

无论如何，范仲淹有了一个能够成就一番更大事业的机会了。

也许是因为意识到了危机，也许是因为几起几落的宦海浮沉留下的记忆太深，范仲淹此次参决朝政，似乎也谨慎了许多。入京不久，原参知政事王举正以懦弱不能任事而受到谏官要求罢免的弹劾，范仲淹被举接替王举正的职务。范仲淹以执政不当以谏官之言得进为由，不肯就职。推辞不过无奈就职之后，开始相当一段时间，他除每天依例与两府官员一起处理寻常公事之外，既无建言，也无大的举措，连拥护他的人对他都有些失望了。因范仲淹之荐授集贤校理监进奏院的苏舜卿就曾对范仲淹的不敢有所作为直言不满。

不过，无论是就仁宗一朝所面临的现实而言，还是就一个胸怀先忧后乐之志的政治家的为人而言，都不能允许范仲淹无所作为。北宋自太祖立国至仁宗庆历，已历80余载，西北边患不断，国内政治支绌，"纲纪制度，日削月侵，官壅于下，民困于外"，积贫累弱的衰败之相已经开始明显见出。特别是庆历三年，边事未宁，国内又有王伦在山东、张海在川、陕、鄂交界处相继起义，所经州县几乎都是没有任何抵抗而相继失守，历来是守土有责的州、县官吏，有的不战即溃，作鸟兽散；有的则干脆迎之入城，军资甲仗、金银绢帛任随掠取，将仁宗一朝吏治腐败，政法不修的弊端暴露无遗。实在是"不可不更张以救之"了。

庆历三年（1043）九月，仁宗在天章阁召见范仲淹、富弼，"赐坐，给笔札，使疏于前"，请他就朝政兴革提出自己的主张。天章阁为真宗所建，真宗死后主要用于收藏他的文稿手迹，设有待制、侍讲，属于内禁重地，还从来没有在此延见过朝臣。范仲淹、富弼这一次被召见，不仅优隆有加，而且极其郑重，确实显示了仁宗寄重望于范仲淹、富弼等新晋宰辅大臣，希图借助他们以求中兴的诚意。这一次的郑重召见，引出了范仲淹那份著名的《答手诏条陈十事》（即《十事疏》），也引发了北宋那场著名的史称"庆历新政"的政治改革。范仲淹的十条主张是：

一、明黜陟。即严明官吏升降制度。那时，升降官员不问劳逸如何，不看政绩好坏，只以资历为准。故官员不求有功，但求无过，因循苟且，无所作为。范仲淹提出考核政绩，破格提拔有大功劳和明显政绩的，撤换有罪和不称职的官员。

二、抑侥幸。即限制侥幸做官和升官的途径。当时，大官每年都要自荐其子弟充京官，一个学士以上的官员，经过二十年，一家兄弟子孙出任京官的就有二十人。这样一个接一个地进入朝廷，不仅增加了国家开支，而且这些纨绔子弟又不干正事，只知相互包庇，结党营私。为了国家政治的清明和减少财政开支考虑，应该限制大官的恩荫特权，防止他们的子弟充任馆阁要职。

三、精贡举。即严密贡举制度。为了培养有真才实学的人，应该改革科举考试内容，把原来进士科只注重诗赋改为重策论，把明经科只要求死背儒家经书的词句改为要求阐述经书的意义和道理。这样，学生有真才实学，进士之法，便可以依其名而求其实了。

四、择长官。针对当时分布在州县两级官不称职者十居八九的状况，范仲淹建议朝廷派出得力的人往各路（北宋州以上的一级监察和财政区划）检查地方政绩，奖励能员，罢免不才官员；选派地方官要通过认真地推荐和审查，以防止冗滥。

五、均公田。公田，即职田，是北宋地方官的定额收入之一，但分配往往高低不均。范仲淹认为，供给不均，怎能要求官员尽职办事呢？他建议朝廷均衡一下他们的职田收入；没有发给职田的，按等级发给他们，使他们有足够的收入养活自己。然后，便可以督责他们廉节为政；对那些违法的人，也可予以惩办或撤职了。

六、厚农桑。即重视农桑等生产事业。范仲淹建议朝廷降下诏令，要求各级政府和人民，了解农田利害，兴修水利，大兴农利，并制定一套奖励人民、考核官员的制度长期实行。

七、修武备。即整治军备。范仲淹建议在京城附近地区招募强壮男丁，充作京畿卫士，用来辅助正规军。这些卫士，每年大约用三个季度的时间务农，一个季度的时间教练战斗，寓兵于农，实施这一制度，可以节省给养经费。京师的这种制度如果有成效，再由各地仿照执行。

八、推恩信。即广泛落实朝廷的惠政和信义。主管部门若有人拖延或违反赦文的施行，要依法从重处置。另外，还要向各路派遣使臣，巡察那些应当施行的各种惠政是否施行。这样，便处处都没有阻隔皇恩的现象了。

九、重命令。即要严肃对待和慎重发布朝廷号令。范仲淹认为，法度是要示信于民，如今却颁行不久便随即更改，为此朝廷必须讨论哪些可以长久推行的条令，删去繁杂冗赘的条款，裁定为皇帝效命的国家法令，颁布下去。这样，朝廷的命令便不至于经常变更了。

十、减徭役。范仲淹认为如今户口已然减少，而民间对官府的供给，却更加繁重。应将户口少的县裁减为镇，将各州军的使院和州院塌署，并为一院；职官厅差人干的杂役，可派级一些州城兵士去承担，将那些本不该承担公役的人，全部放回农村。这样，民间便不再为繁重的劳作而忧愁了。

应该说，范仲淹所陈十项主张，确实抓住了北宋真宗仁宗以来政治弊病的要害。例如宋代百官磨勘及荫补制度，就是造成北宋吏治腐败、政事不举的关键所在。北宋官制，文官三年一迁，武官五年一迁，不限内外，不问劳逸，也不管有无政绩，即使愚暗鄙猥，人莫切齿之徒，只要年限一到，也可得到加官进秩，以至"坐至卿、监、丞、郎"。致使无为不肖素餐尸禄者历历皆是，而那些真正"思兴利去害而有为"者，反而被指为生事，遭到妒忌讥笑，"稍有差失，随而挤陷"。一朝一代，吏治腐败到如此地步，岂有朝纲不隳之理！

除磨勘之外，宋代还有官员荫补制度。所谓荫补，即官员子弟以恩荫得官，也称"任子"。这样一种官制，古已有之，如汉代官员品级在二千石以上者，子弟都可以恩荫得官，封爵而殁者，则可有一子袭爵。这一制度，在真、仁两朝滥到极致。台省官员自少卿、监等六品以上者，其他官员如诸路提点刑狱等五品以上者，每遇三年举行一次的南郊大礼，或皇帝贺岁都可以奏请朝廷，荫封其子孙。这样一来，假如任学士以上官职二十年，一家兄弟子孙出任京官甚至可达二十人之多，而且这些人任官之后还可"接次陞朝"，不出意外，真正是可以一人得道，鸡犬升天，且子子孙孙，爵禄不断，无穷匮也。还有致仕恩泽和遗表恩泽。官员退休、死亡，也可以请求荫补，真宗宰相王旦殁，连他的门客都被授了官。如此滥授恩荫，朝廷内外大小官员的普遍素质，也就不问可知了。

一个国家，一个朝代，得人则治，失人则乱，这当是不变之理。唐代诗人刘禹锡有一首《金陵怀古》，诗云：

> 潮满冶城渚，日斜征虏亭。
>
> 蔡州新草绿，幕府旧烟青。
>
> 兴废由人事，山川空地形。
>
> 《后庭花》一曲，幽怨不堪听。

这里的"兴废由人事，山川空地形"，当是一个诗人对历史演进规律的一种深刻的哲理感悟。同样的意思，与范仲淹同时代的欧阳修在他的一篇名文《伶官传序》中也做了几乎是同样的表达："盛衰之理，虽曰天命，岂非人事哉！"

范仲淹曾将那些愚暗不肖，既无能也不思有为而素餐尸位者，称之为"天之蟊""民之縢"，实在是很有道理。一国之政，只有贤者在位，能者得用，才能百姓得安。而百姓得安方有百姓乐从，百姓乐从方有人和政通，人和政通则才能真正天下大治。从这一角度看，范仲淹要求打破磨勘之法，革除恩荫之滥，要求不计年资，慎选州县，唯才是举，将功论进，以求贤者在位，能者得用，这正显示出他作为一个政治家的深远眼光。

宁可一家哭，不让一路哭

"庆历新政"也就由改革官制拉开了帷幕。

庆历三年（1043）十月，仁宗下令中书省、枢密院重新拟定磨勘之制，重定宗旨即革除仅凭年资授官进秩的弊端，要求以实际德能劳绩为官员升迁的依据，德能兼备而有实绩者可"依次升拟"，而无能亦无所称者，可至老不迁。

十一月，根据范仲淹的建议，对荫补之法也作了修改，对可得荫补者任职年限、官位品级、叩奏荫补的相应职衔以及被奏补子弟的年龄、数量都作了重新规定，而且特别强调，所有得奏荫补的人都必须参加相应考试，"内及格者，方与差遣。"若"三度就试，词业纰缪，对议不及格"，则"不理选限"。宗旨即控制以恩荫滥补。

与此同时，范仲淹还奏请朝廷派人主持重新删定审官院、三班院和吏部流内铨铨选官员条例。这三个院、部是主管官员铨选的重要部门。审官院负责京官铨选，三班院负责武官铨选，吏部流内铨则负责幕职州县的铨选。北宋自立国以来，文武官员的考察、任用规制几十年间有过几次变化，旧例不废，新例又增，条例既多且乱，就连这些部门的主官都不一定弄得明白，为官员铨选过程中的徇私任情留下很多漏洞。范仲淹以为这种混乱必须从速整顿，要有得力人选负责，会同各部门主管官员，对这三个衙门前后发出的所有条例进行彻底清理，重行删定划一。庆历四年（1044）春，曾公亮被任命负责此项工作。曾公亮确实是一个很得力的人。史载他任知县、知州时，所到之处均为政有声。熙宁时他与王安石同列宰执，是王安石变法的得力支持者。

"庆历新政"就以这一系列的改革措施为发端，轰轰烈烈地展开了。随着磨勘和荫补制度的重新修订，也开始了郡守、县令的考察和选任。早在天圣五年范仲淹丁忧南京，冒哀上书时，就提出过慎择郡、县以救时弊的主张。范仲淹以为，郡、县为亲民之官，其是否得人，直接关系到生民疾苦。郡县不择，容非才贪浊、老懦无能者在位，或贪赃枉法，或不堪其任，以至天下"赋税不均，狱讼不平，水旱不救"，造成士民起事，自图生存，实为致乱之源。他建议朝廷派出能吏任为转运使、提点刑狱，到各路逐一考察地方官员的德能劳绩，将那些胡作司非为或老病昏昧者尽行罢除。

庆历三年（1043）十月，根据范仲淹的建议，朝廷任命张昷之、王素、沈邈为都转运按察使，分别派往河北、淮南、京东三路，行考察官吏之事。张昷之曾提点淮南刑狱，不惧受皇帝信任的亳州知州杨崇信的威势，将被他恃恩不法诬陷入狱的蒙城知县王申解救出狱。王素曾直言谏止仁宗为庆贺得子而要进秩百官的动议，传为佳话。沈邈曾任侍御史，在谏官欧阳修等谏罢夏竦枢密使的任命时，他也是一个积极的参与者，并曾直接上书仁宗，指斥夏竦与宦官刘从愿相互勾结，外传机密，阴为诡诈，企图擅权朝政。这三位都是敢于仗义执言、不惧权势的人，而且也是范仲淹改革官制，以绝非功授官之弊的积极拥护者。

范仲淹坐镇中央，每当得到按察使的报告，就翻开各路官员的花名册把不称职者的名字勾掉。枢密副使富弼平时对范仲淹十分尊敬，这时见他毫不留情地罢免了一个又一个官员，不免有点担心，从旁劝止说："您一笔勾掉很容易，但是这一笔之下可要使他一家人痛哭呀！"范仲淹听了，用笔点着贪官的名字愤慨地说："一家人哭总比一路人哭要好吧！"在范仲淹的严格考核下，一大批尸位素餐的寄生虫被除了名，一批干才能员被提拔到重要岗位，官府办事效能提高了，财政、漕运等有

所改善，暮气沉沉的北宋政治环境开始有了起色。朝廷上许多正直的官员纷纷赋诗，赞扬新政，人们围观着改革诏令，交口称赞。

范仲淹所求，自然在于要以那些尸位傀幸之徒的丢官失禄之"哭"，换来一方黎民百姓的安居足食之乐。无论如何，为官不正或为官无能，贻害一方，首先也是最直接的受害者，总是那一方土地上的黎民百姓。这样的官吏越是官位稳坐而无虞，那一方土地上的百姓就越是水深火热而堪忧。

《尚书》曰："德惟善政，政在养民。"几千年前由先哲道出的这八个字，实实在在提出了一个衡量一种政治之好坏如何、昌明与否的终极标准。为官不正或为官无能，民不得养以至千家鬼哭，万户萧疏，这样的政治要想不隳不毁，那才真正是怪事了。从这个角度看，范仲淹的"一家哭总比一路哭好"，放到任何一个时代，都可谓不争之论。

 ## 政敌攻讦

庆历四年（1044）八月，新政正紧锣密鼓地进行着的时候，范仲淹上奏朝廷，请求罢参知政事再度出守西北边关。

范仲淹系情于边关而不能释怀，自然是他这次自求外放的一个重要原因。五月，西夏对宋称臣，宋接受了西夏的议和请求，但与此同时，契丹与西夏交恶，契丹国主亲率十万大军征讨西夏，驻兵云州（今山西大同）、朔州（今山西朔县），并要求宋与西夏绝交。西北局势的这一变化，使范仲淹十分不安。他担心契丹、西夏不守盟约，乘宋无备发起突然袭击。仅契丹就拥兵十万，而宋河东路则是兵少将寡，不堪一击，实在不能无忧。再加上西北边关秋防在即，也确实需要有人经画其事。范仲淹以为，若说"镇彼西方，保于无事"，则不敢妄言，但自己久居边塞，熟悉边情，与边关将士同心协力，亦渴望能御敌寇深入之虞。

这只是一个方面的原因。

还有一个原因则是范仲淹这时已经明显感到在京师无法自安了。朋党之论又在朝野内外悄然兴起。这把曾使范仲淹被诬遭贬的刀子，这一次是被谏罢枢密使知亳州的夏竦重新祭起的。《续资治通鉴》卷四十六庆历四月戊戌条载，"初，吕夷简罢相，夏竦授枢密使，复夺之，代以杜衍，同时进用韩琦、富弼、范仲淹在二府，欧阳修等为谏官，石介作《庆历盛德诗》，言进贤退奸之不易。奸，盖斥夏竦也，衔之。而范仲淹等皆（欧阳）修所厚善，修言事一意径行，略不以形迹嫌疑顾避。因与其党造为党论，目衍、范仲淹及修为党人。"夏竦勾结内侍蓝元震，

"……使内侍蓝元震上疏，言：'范仲淹、欧阳修、尹洙、余靖，前日蔡襄谓之四贤。斥去未几，复还京师。四人得时，遂引蔡襄以为同列。以国家爵禄为私惠，胶固朋党，递相提挈，不过二三年，布满要路，则误朝迷国，谁敢有言'。

以仁宗这样一个意志不坚定、缺乏决断能力的人，自然难以不受这些流言的蛊惑。《涑水记闻》卷十载，庆历四年（1044）四月，仁宗与执政们就有过一次关于朋党问题的讨论。仁宗直接问到范仲淹，以为自古只有小人会结成朋党，惑乱朝纲，难道君子也有朋党么？范仲淹直言以对："方以类聚，物以群分。自古以来，邪正在朝，未尝不各为一党，不可禁也，在圣鉴辨之耳。诚使君子相朋为善，其于国家何害？"

几年前，范仲淹第一次遭朋党之灾贬出京师时，欧阳修曾作名文《朋党论》以辩，文中欧阳修证之史实，甚至直言"小人无朋，唯君子则有之"。肖小之人所贪者名位，所趋者禄利，在有共同的利益追求时，他们可以暂相党而引以为朋，但或见利而争先，或利尽而交疏，则

又必然是自相残害，"虽其兄弟亲戚不能相保"，又哪里会有真正的朋党！而君子则不然：他们"所守者道义，所行者忠信，所惜者名节"，君子以同道而相益，因同心而共济，且进退不移，终始如一，自然也只有真正的君子才会有真正的"朋党"。而君子之朋的和衷共济，也正是国之能兴的保证。因此，人君的责任不在于禁绝朋党，而在于"辨其君子与小人而已"。

范仲淹给仁宗的回答与欧阳修的辩论同出机杼，而且确实不无道理。但道理归道理，现实归现实。现实是仁宗这一次与执政讨论朋党之说，本身就是一个信号，以范仲淹之智，他也不可能不觉察出这是一个信号。

从历史上看，朋党之论也确乎是打击政治对手的一个有力武器。贤士君子无论怎样以正色立朝，无论怎样无私无畏，只要一被视为党人，往往就会有口莫辩，且辩之也无补，一般来说免不了罢官贬放，甚至杀头掉脑袋。如唐代李德裕，史称"才大名高"，武宗时身任相职，力主削弱藩镇，辅佐武宗讨平擅自袭任泽潞节度使的刘稹，"独立不惧，经制四方"。但一陷入所谓"牛李党争"之中，便无力自拔也无法免祸，终至贬为崖州司户，死于僻远瘴疠之地。

 ## 新政破产

随着朋党之论的渐渐兴起，范仲淹越来越无法在朝廷安身了。他派出的转运按察使也遭到来自各方面的攻击中伤，有人指责他们对于各路官吏的查考约束太过苛刻，致使人不得尽其才。甚至有人把派至江南的三个转运按察使称为"三虎",称京东路转运按察使沈邈手下四个得力能吏为"四狼"。

与此同时,流言蜚语也指向了富弼,说是石介代富弼写了废立的诏书。据《续资治通鉴》卷四十六,流言之源也来自夏竦:"先是石介奏记于弼,责以行伊、周之事,夏竦欲因是倾弼等,乃使女奴阴习介书,久之,习成,遂改伊、周曰伊、霍,而伪作介为弼撰写废立诏草,飞语上闻。"如此流言,自然更是十分可怕。据《续资治通鉴》,流言上达仁宗,仁宗虽并不相信,但范仲淹、富弼已"不敢自安于朝",他们无论如何是非离开朝廷不可了。庆历四年(1044)八月,范仲淹以参知政事出京宣抚河东,富弼也自求外放,以枢密副使宣抚河北。

随着范仲淹、富弼的离朝,针对他们的所谓朋党之论也更是日甚一日,连仁宗也"颇惑谗言",以至"范仲淹愈不自安"。庆历五年春,范仲淹上奏朝廷乞罢参政。据说仁宗接到范仲淹乞罢参政的奏折即"欲听其请",时任执政的章得象说:"范仲淹素有虚名,一请遽罢,恐天下谓轻黜贤臣,不若且赐诏不允,若范仲淹即有谢表,是挟诈要君,乃可罢也。"仁宗依从章得象,范仲淹也果然上了谢表,仁宗据此也相信了章得象的话。也正是这个时候,半年前宣抚河北的富弼事毕还朝,右正言钱明逸向仁宗进言,说富弼在朝廷更张纷扰,凡所推荐,多挟朋党,而对不附和自己的人力加排斥,"与范仲淹同"。于是,范仲淹被罢去参知政事以资政殿学士知邠州,富弼罢去枢密副使知郓州。不久,杜衍、韩琦也被罢去枢密使职,分别调知兖州、扬州。到庆历五年三月,庆历新政的筹划者和支持者们几乎全被逐出京师。

到这时,才真正如王拱辰所说:范仲淹一"党"算是被一网打尽了。

第七章

万古流芳

皇祐四年(1052)元月，范仲淹明显感觉身体状况不佳，遂向朝廷提出移知颍州。赴颍州途中病情加重，五月二十日病逝于徐州。

纵观范仲淹从官历程，无论身居何职，无论进退，他始终把国家和人民的利益放在首位，始终不忘自己的责任，他的一生都是在忧国忧民中度过的，真正做到了「先天下之忧而忧，后天下之乐而乐」。

德不孤，必有邻

在中国古代乃至近代社会，"朋党"是十分令人胆寒的一个词。对个人来说，任你如何清白，只要被戴上"朋党"的帽子，前途就可能吉凶难料，往往是君子道消小人道长，君子遭殃小人得志。对国家社稷来说，结果必然就是仁人志士远离权力中心，正人君子齿冷心寒，朝纲日渐紊乱，朝政日渐腐败，扰乱了社会进步和安全稳定，甚至君亡厦倾。

那我们就看看范仲淹的"朋党"究竟有哪些人，果真如吕夷简所说的那么令圣上担心吗？

欧阳修，唐宋八大家之一。他博学多闻，学富五车，为人耿直，敢于谏诤，屡忤权贵而仕途坎坷，一生中同样被贬谪三次，颠沛流离。范仲淹第三次被贬之际，时任馆阁校勘的欧阳修挺身而出，仗义执言，奋笔疾书，写出了著名的《与高司谏书》，痛斥左司谏高若讷趋炎附势，落井下石，肆意诋毁范仲淹，"不复知人间有羞耻事"。高若讷将书信上交朝廷，仁宗龙颜大怒，贬欧阳修为峡州夷陵（今湖北宜昌）县令。赴职夷陵后，欧阳修潜心从政，遍访农户，体察民情，为民造福。因其政绩比较突出，朝廷又调他任光化（今属湖北）县令。康定元年（1040）八月，欧阳修终于重回京师，重任馆阁校勘之职。庆历五年（1045）庆历新政失败，其推行者范仲淹、富弼、韩琦、杜衍等先后皆以"朋党"之名被调离京师，因而气得大文豪欧阳修怒从心头起，义愤填膺地创作了一篇脍炙人口的《朋党论》，痛陈朋党之说残害忠良，望国君明辨是非，分清君子和小人，并列举历朝实例，谏圣上斥退小人的假朋党，用君子的真朋党，辅佐皇帝治理朝政，安定天下。结果又遭奸人诬陷被降职出知滁州（今属安徽）。本欲为国清除弊政，却祸从天降，落得如此结局，让欧阳修欲哭无泪！在滁州，欧阳修勤于政事，关心民生，兴利除弊，发展生产，百姓感恩戴德，把他和曾在此地居官的王禹偁合称"二贤"，并立祠纪念。千古名篇《醉翁亭记》即写于此间。"孤忠一许国，家事岂复恤"。欧阳修忠心报国，屡遭贬谪，仍然忧国忧君，针砭时弊，仗义执言，无怪乎后人对其称赞有加，传颂不已。

同样在范仲淹被贬之际，时任集贤校理的余靖仗义执言，向仁宗皇帝写了一份长信，大致内容是：上两次范仲淹被贬，是因为太后和谢氏的原因也是为圣上着想呀！可圣上却三贬如此尽忠之人，天理何在！余靖此次真是出于公理，仗义执言，由此而名闻朝野。但结局可想而知，没过几天，余靖就被贬为监筠州（今江西高安）酒税。余靖一生为人刚直不阿，忠心报国。在北宋王朝出现严重的内忧外患之际，余靖与范仲淹等人一道，反对因循守旧，主张顺势变革，实施富国利民政策。其坚持革新、锐意进取的优良品格和直言谏诤、刚正不阿的精神风范，堪称一代名贤。

时任馆阁校理的尹洙也曾因范仲淹被贬而义愤填膺打抱不平。他直言圣上：范仲淹忠心耿耿，忠于朝廷，直言谏上，无可厚非，反倒是您听信谗言，不分忠奸，乱扣"朋党"之名。我等忠心报国，却落得如此下场。我也是范仲淹的同党，请圣上将我也一同发落吧！现在想想，当年的尹洙置生死于不顾，说出如此铮铮之言，是何等凛然不惧，何等气概，何等胸怀，为的就是匡张正义，直面奸人。庆历七年（1047）春天，尹洙一家老小从均州（今湖北丹江口一带）来到邓州看望范仲淹，两人聊起当年往事，不免老泪纵横。想起为朝廷做事，为官一方，无愧于圣上，无愧于祖先，两人推心置腹，直聊至东山日出，睡意全无。而

后几天，二人纵谈国事，论家事，谈后代，情真意切，想起当年尹洙直言自己也是范仲淹的"朋党"，二人觉得彼此是生死之交啊。后来不长时日，尹洙病逝于邓州驿所。范仲淹为其《祭文》，韩琦为其《墓表》，欧阳修为其做《墓志铭》。尹洙一生清贫，众人便拿出俸禄资助尹洙家人护送其灵柩归葬河南洛阳老家。

作为庆历新政支持者和执行者之一的富弼，也是北宋一位贤臣。范仲淹十分赏识他有"王佐之才"。明道二年（1033）十二月，范仲淹因直谏仁宗废皇后之事被贬出朝，富弼这时正服毕父丧，回到汴京。于是便上书皇帝：以为"废嫡后，逐谏臣"，一举两失，不是太平盛世应当做的事。直言范仲淹忠直不挠，闻过遂谏，是履职尽责，决不应当黜弃。庆历新政推行之际，奸臣夏竦施展诡计，令其女奴模仿石介笔迹，篡改石介写给富弼的奏记，作为石介为富弼起草的废立诏书草稿，诬蔑他和同僚串通一气，要复辟朝廷，对其进行陷害。这可是谋反的重罪，虽然仁宗没有全信，但还是疑心倍增。而后富弼先后任职多地，无论在哪里都赈灾济民，忠心辅佐圣上，恪尽职守，被誉为一代贤臣。元丰六年（1083）八月，富弼在洛阳病逝。死前上书神宗，说在他左右多小人，非国家之福。又陈时政之失。神宗读后十分哀痛，辍朝三日，内出祭文致奠，赠太尉，谥文忠。

韩琦，早前做过左藏库、右司谏、安抚使等职，以敢于犯颜谏上、刚正直率闻名。当年李元昊入侵大宋，危难之际，就是韩琦慧眼识金，顶住压力直谏圣上，力推被贬的范仲淹知永兴军，后出任陕西经略安抚副使。

范仲淹果然不负众望，以其出色的指挥才能和治军方略，赢得了朝廷上下的赞誉。应该说韩琦在这件事上起到了决定性的作用。其后与范仲淹一道被朝廷火线召回，支持参与范仲淹主持的庆历新政改革。对范仲淹、富弼的贬谪之事，韩琦挺身而出，据理力争，也因"朋党"之名被贬出朝，罢枢密副使，以资政殿学士出知扬州等职。韩琦任上治军有方，理民得法，治边有道，辅佐圣上忠心不二，其"相三朝，立二帝"，与富弼齐名，号称贤相。熙宁八年（1075）六月，韩琦在相州溘然长逝，享年68岁，神宗御撰墓碑："两朝顾命定策元勋"。谥忠献，赠尚书令。

与范仲淹并肩战斗，忠心效忠朝廷的杜衍、滕子京、狄青等人也因被扣上"朋党"之名而遭受陷害。

事实胜于雄辩，邪不压正。以上我们不难看出，吕夷简之流所说的范仲淹"朋党"，都是和范仲淹一样，忧国忧君，直言谏上，坚持正义，不怕奸人陷害，不怕遭到贬谪，忠心耿耿，不记前仇，全心辅佐朝廷的栋梁之臣。同时，这些"朋党"，皆能够在关键时刻，不掺杂个人情感，仗义做人，挺身而出，据理力争，为朋友正义直言，拼死相救，真正是患难相交荣辱与共的好朋友。

《论语》中有句名言："德不孤，必有邻。"有道德的人不会感到孤单，一定人有志同道合的人与他相伴。

再赴边塞

庆历四年（1044），边境的形势发生了改变。西夏与辽国最初是一种同盟的关系，西夏日益强大后，企图与辽分庭抗礼，辽夏关系走向破裂。辽国一方面反对宋朝与西夏议和，一方面开始聚集大军，对西夏进行军事威胁，爆发了系列战争。

在情报资讯不发达的时代，范仲淹开始并不明了西夏与辽国之间关系和形势的转变，对辽国、西夏最近的言行和军事行动保持高度警惕

性。范仲淹对仁宗分析说："据收到的情报，契丹大发兵马，讨伐呆儿族并夹山部落，及称亦与李元昊兵马相杀。又报李元昊亦已点集左厢军马。既是二国举动，必有大事"。范仲淹提出质疑说：夹山等蕃部小族，值得两国各发大军攻讨吗？此可疑一也。李元昊向来依仗契丹侵凌中原，现在没有重大缘故，为什么要与契丹举兵厮杀？此可疑二也。自古圣贤都认为敌人没有信用，现在朝廷倾向于相信辽、夏交恶的说法，这可取吗？此可疑三也。辽与夏多次侵凌中原，勒索钱财，不顾盟约。如果"盟信可保"，何至于出现当前的局面？此可疑四也。河东数年地震，是边境有警的征兆。两国聚集大军于此处，此可疑五也。据情报报道，契丹多次派遣使臣打探南山等地的道路地形，此可疑六也。

据此分析，范仲淹提出三"大可忧"。第一，两国不守盟信，发大军突袭，"河东军马不多，名将极少，寡不敌众，谁敢决战"？第二，契丹擅长攻城，据情报报道，契丹准备了大量攻城的战具，西夏则无城可攻。如果攻入宋朝，"并攻三两城，破而屠之，则其余诸城乘风可下"。第三，这次不入侵，骗取宋朝信任，"徐为后举之策"。范仲淹因此要求二府大臣尽快商议，讨论"河东御捍之策"。

范仲淹的种种分析和忧虑，事后被证明不是多余的。在北宋军事实力处于弱势的背景下，对边患的忧虑更加充分一些，是非常有必要的，常备不患。正因为范仲淹等大臣的思虑周详、眼光深远，才保证了宋朝边境的持久安宁。上述诸种分析和忧虑，正是范仲淹离开朝廷、再度前往边疆的现实背景。

正如前言，朝廷采纳枢密院集体意见，分派富弼负责东北边务，范仲淹再次回到自己熟悉的西北边境。

范仲淹这次赴边，挟宰辅身份之重，朝廷给予充分支持。庆历四年（1044）七月，当时范仲淹还没有离开京城，朝廷就"降空名宣头百道"，专门为范仲淹预备，让他奖赏有功将士。"空名宣头"是空白的诏令，届时内容就随范仲淹填写。八月，范仲淹启程时又推荐进士张挺"有武力胆略，乞补三班差使殿侍，为随行指使"，立即获得朝廷同意。不久，范仲淹再次请求让"泾原路参谋郭固随行，教习军阵"，同样获得朝廷认可。

然而，这时候宋、夏议和进入最后阶段，边塞非常平静，这与范仲淹第一次赴边时狼烟四起、战火弥漫的形势完全不同。这时，范仲淹能够处理的都是一些琐碎小事。如，庆历四年（1044）十月二十二日，范仲淹向朝廷报告：努玛族太尉香布率十八位族人归顺宋朝，朝廷给他们各封官爵；二十四日，范仲淹建议朝廷招收麟州、府州（今陕西府谷）周边嘉舒、克顺等七族，免除边患隐忧，朝廷认为李元昊已进誓表，不必要多此一举，范仲淹认可朝廷的决断。

范仲淹又弹劾河东转运使刘京私人从事商业贸易，骚扰百姓，刘京被罢免。

以往士兵因官吏酷刻被逼为盗贼的，范仲淹出榜昭示：限一个月内到官府自首，不予问罪处罚，重新归队。

此外，范仲淹免除部分贫穷逃亡百姓的赋税，诱导他们回家耕种，重新从事农业生产。于是，当地的盗贼、流民大大减少，社会秩序迅速好转。

当时，朝廷为了整顿所发行的钱帛，下令停止使用大铁钱，由于措施过于突然，并州百姓十分恐慌，他们在贸易中所得的大铁钱就必须废弃，纷纷向范仲淹申诉。军队将士以往的军饷也是大铁钱，将士们高声吵闹说："朝廷发给我们的，为什么不能用？"范仲淹敢于担当责任，立即下令恢复大铁钱的使用。范仲淹担心在他管辖范围内的其他州郡也发生类似情况，赶紧逐处发榜，告谕军民，稳定民心军心。

范仲淹这时候做的另一件比较大的事就是增修城寨碉堡，尽可能收复宋朝原有辖地，加强宋朝防线。因为与西夏和议已成，现在收复的

127

土地都是西夏无心顾及、战争中荒废的，修筑城堡也是为了保护当地生产，没有以往的步步进逼目的。范仲淹向朝廷进言说：麟州和府州两地之间"山川回环五六百里"，旧时是汉人、蕃人的耕耘土地，战争时期被西夏所掳掠，现在还有三千多户人家散居这一地带。从前只是修建麟州、府州交通要道上的堡寨，其余地区无城寨可守，百姓也不敢恢复生产。范仲淹建议麟、府二州重新修建必要的城寨，招集散落的蕃、汉人户，恢复生产，招募当地士兵，减少派遣的戍兵数量。这些举动，从长远来看也有利于边塞防守。

范仲淹主张修建细腰城。在环庆路和泾原路之间居住着诸多羌族部落，其中最大的部落有明珠、灭藏、康奴三族，向来不服宋朝管制，与西夏相互呼应。范仲淹建议在三大部落与西夏交通要道上修建细腰城，阻断他们之间的联络。获得朝廷同意后，范仲淹命知环州种世衡和知原州蒋偕共同主持这项工程。当时种世衡已经卧病在床，接到命令后立即率兵前往细腰城与蒋偕会合。他们命令士兵日夜修筑城墙，又设宴款待三族部落酋长，对他们说：朝廷在这里修筑城寨，是为了帮助你们抵御外来入侵之敌的。这次修筑城寨出其不意，三族又失去了西夏的支援，只能坐视细腰城落成。细腰城修筑完工，种世衡就因病去世了。范仲淹进而命令蒋偕在大虫巇修建堡垒，围困羌族部落。在修建此处堡垒期间，明珠等部落发动袭击，蒋偕从小道逃跑。蒋偕请求戴罪立功，获得同意后，蒋偕率兵再次前去，最终完成堡垒修建。

边塞即使在和平时期也有许多小摩擦、小冲突，对峙的双方总是在抢夺防守或进攻的主动权。范仲淹显然没有认为和议签署就万事大吉，依然兢兢业业经营宋朝边境防线。事实证明，宋朝与西夏的和议并不牢固，仁宗朝以后又多次发生战争。范仲淹的一系列作为有深远的战略战术意义。

边塞战争，敌我双方拉锯，大量土地荒废，或者朝廷明令禁止耕种，以免为敌所用。相对和平时期，恢复当地生产为第一要务，范仲淹在这方面有大量作为。代郡（今张家口、大同一带）周围地区，这样废弃的土地尤其广袤，当年欧阳修出使当地，曾经建议朝廷废除禁令，允许百姓耕种。因边境将帅意见不一致，欧阳修的建议没有得到贯彻落实。范仲淹到前线主持大局之后，屡次向朝廷上疏，要求落实欧阳修的建议。后来，仅仅岢岚（今属山西）境内的荒废土地得到耕种，边塞的粮食就非常充足了，可见边塞恢复生产大有可为。

范仲淹在边塞期间的政绩可以看出他对国家、对朝廷、对社会的热情可见一斑。

 # 退居邓州

庆历六年（1046），58岁的范仲淹到任邓州。

退出政治的中心舞台，移知邓州，居闲休养，从一个角度来说是范仲淹的主动选择。庆历五年秋冬之际，范仲淹徙知邓州半年多时间以后，上疏朝廷，要求退居闲职。

范仲淹请求卸下边防重任的理由有三条：第一，宋夏和议已成，"彼戎款顺，方用怀柔，不欲修威，恐成生事"。范仲淹在边塞修筑城堡、积极防御的一切措施都已停止，范仲淹在边塞实际上已经无所事事。第二，宋夏"所定疆界，并已了当"。西北前线再也没有需要四路安抚使统筹调度指挥的重大事务，因此可以撤销"兼陕西四路沿边安抚使"的职务，具体事务交由各路经略使处置。第三，范仲淹"宿患肺

疾,每至秋冬发动"。当边塞军务紧急繁重时,范仲淹自称"不敢自求便安,且当戮力"。现在"西事已定",范仲淹就希望仁宗"察臣之多病,许从善地,就访良医"。

范仲淹请求说:"于河中府、同州,或京西襄、邓之间,就移一知州,取便路赴任,示君亲之至仁,从臣子之所望。"使他"得养天年"。范仲淹此时所作的诗歌里也流露出明确的退隐意向。《与张焘太博行忻代间因话江山作》云:"数年风土塞门行,说着江山意暂清。求取罢兵南国去,满楼苍翠是平生。"

朝廷看似同意了范仲淹的请求,范仲淹得其所愿。事实并不如此简单。范仲淹请求退闲的数点理由当然都成立,从表面上都说得过去,朝廷的处置看起来也无可厚非。但是,深层原因却十分复杂。范仲淹之所以上这样的陈乞状和仁宗的爽快答应,都与当时的政治背景相关。范仲淹充分感受到来自于皇帝和朝廷的政治"冷空气",知道自己已经无能为力,清楚自己不主动陈乞也会被排挤出朝廷,才主动提出申请。

仁宗和朝廷政要巴不得范仲淹彻底离开核心政治舞台,范仲淹的陈乞状正合他们的心意,才有如此痛快的答复和决断。否则,范仲淹当初是以参知政事的身份巡边主持西北前线工作的,边塞无事,完全可以重新出任参知政事。关于范仲淹的疾病,既然能在荒凉的边塞坚持工作,回到京城更应该没问题,这是让双方都容易下台阶的一个借口。归根结底,范仲淹徙知邓州是当时政治大环境决定的。

邓州在北宋时期一直是朝廷大员退闲居官的处所。北宋一部分州郡,因政务清简、民风淳朴、风景宜人而成为朝廷要员退闲居官的常去处所。范仲淹在《邓州谢上表》中称邓州为"琐闱清品,穰都善地",此处"风俗旧淳,政事绝简"。与其他闲郡相比,邓州还有靠近京城的便利。在范仲淹之前,北宋名相赵普、寇准等都曾退闲居官邓州。朝廷这次是以照顾老臣的方式让范仲淹退出政坛中心,然而,范仲淹此时只有58岁。按照宋朝惯例，70岁左右的老臣可以享受这样的恩眷照顾，否则，必有其他原因。或者是该大臣多病体弱，更多的是与权力纷争相关。范仲淹政绩卓著、品德高尚、耿直忠诚，对朝廷和国家做出过重大贡献。独裁君主虽然此时已经厌倦范仲淹，对其心存疑忌。范仲淹的政敌虽然竭力传播谣言、编造口实攻击他，但是，他们都不敢过分打击或迫害，只能以这样相对体面的方式将他排斥出中央决策层。

北宋退闲宰辅大臣，虽然到地方以后依然是州郡长官，但是许多官员不再留意当地政务，不再留意自己的职权职责，过着休闲娱乐、颐养心身的舒适生活。司马光《涑水记闻》卷七载："是时，旧相出镇者，多不以吏事为意。寇莱公（寇准）虽有重名，所至之处，终日游宴。所爱伶人，或付与富室，辄厚有所得。然人皆乐之，不以为非也。张齐贤傥荡任情，获劫盗或时纵遣之，所至尤不治。"范仲淹为官做人的境界与此不同，"进亦忧退亦忧"是他的行为准则之一。他在《邓州谢上表》中已经有这样的表态："敢不孜孜于善，战战厥心？求民疾于一方，分国忧于千里，上酬圣造，少罄臣诚。"范仲淹是这样说的，也是这样做的。

范仲淹赴邓州任职之前，在邠州时曾经主持重建地方州学。原来校舍非常狭小简陋，范仲淹选定新址，派遣两位地方官员主持工程。新校舍建成后，"长廊四合，室从而周，总一百四十楹。广厦高轩，处之鲜明；士人洋洋，其来如归"（《邠州建学记》）。范仲淹到邓州之后，邓州学校官员写信给范仲淹，请求范仲淹为新校作记，范仲淹因而作《邠州建学记》。

这篇写于邓州的记体散文，是范仲淹一生从政思想的一个方面的重要总结。范仲淹庆历政改的主体部分是改造官员队伍素质、改变官员队伍组成结构，这也是范仲淹毕生为之奋斗的目标之一。其中，创办学校、兴办教育被范仲淹视为最为重要的手段。

《邠州建学记》开宗明义："国家之患，莫大于乏人。"范仲淹的观念非常超前，在人才问题上他不赞同厚古薄今的观点："吾观物有秀于类者，曾不减于古，岂人之秀而贤者独下于古欤？"范仲淹认为一切根源在于未能兴办学校、振兴教育，"诚教有所未格，器有所未就而然耶！庠序可不兴乎？庠序者，俊乂所由出焉"。范仲淹把兴办教育、培养人才抬高到最重要的位置上去："材不乏而天下治，天下治而王室安，斯明著之效矣。"范仲淹的观点有其偏颇之处，然其对教育的极高重视值得充分肯定。这一方面的作为也贯穿在他平生从政经历之中。

范仲淹在邓州时期，总结自己的从政经验，对教育有如此高度的重视。自然，在邓州兴办学校、振兴教育事业，就成为范仲淹在邓州任期内最为重要的政绩之一。在邓州城东南隅风景优美的所在，范仲淹创建州学讲堂"春风堂"。据说，汉代东方朔曾将孔子比喻作"春风"，所到之处万物生长，"春风堂"得名于此，范仲淹的意图也非常明确。范仲淹时而在春风堂讲学，其子范纯仁、宋理学创始人之一张载、元祐年

邓州百花洲

间知邓州的官员韩维等人，都曾经在春风堂得到过范仲淹的教诲。

范仲淹去世后，当地人将其改名为"花洲书院"，因为春风堂与百花洲风景点连接在一起。且在旁边建范文正公祠，祭祀、怀念范仲淹。绍圣二年（1095），范仲淹第四子范纯粹知邓州，重新修整花洲书院。而后，历代邓州地方官缅怀范仲淹，对花洲书院一而再、再而三地加以重建或修建，花洲书院成为中国历史上办学时间最久的场所之一。

范仲淹诲人不倦不仅仅在讲堂上，对地方俊贤也多有教导勉励。庆历六年三月，邓州举子贾黯状元及第，回乡拜谒范仲淹，愿得到范仲淹的教诲。范仲淹说："你在仕途上不愁不显赫，只有'不欺'二字要终身奉行之。"贾黯一生不忘范仲淹的教导，经常对人家说："我从范文正那里学到的，平生用之不尽。"

范仲淹在邓州任期内，勤勉政务，兴修水利，鼓励农桑，澄清地方吏治，邓州一地政通人和。庆历八年（1148）正月，朝廷徙范仲淹知荆南府。邓州百姓爱戴范仲淹，拦住前来宣读诏令的朝廷使者，要求范仲淹留任。范仲淹也愿意继续留任邓州，获朝廷同意。范仲淹有《谢依所乞依旧知邓州表》，表示留任后"敢不拳拳民政，战战官箴"？独裁体制之下，人们见过多少晚节不保、退出官场前捞取个人利益的官员？而范仲淹的"拳拳民政、战战官箴"是一生的为官原则立场，始终不渝。地方百姓的挽留，是范仲淹政绩的最好证明。范仲淹辞世后，邓州百姓在花洲书院侧设范文正公祠，表达了对范仲淹永久的怀念之情。

范仲淹老友尹洙此时谪居筠州，病重无药，范仲淹请求让尹洙到邓州治病，得朝廷同意。尹洙到邓州时已经病危，范仲淹曾半夜前去看望，告诉尹洙说："你平生的气节和行为，我会嘱托韩琦、欧阳修执笔作文，使你流芳千古。"又说："我会与众公分俸禄给你的家庭，不会让他们流离失所的。"几天后，尹洙在平静中去世。范仲淹嘱孙甫作行状、欧阳修作墓志铭、韩琦作墓表，范仲淹则为其文集作序，称赞尹洙

"其文谨严，辞约而理精"，与欧阳修一起改变了文坛的创作风气，"由是天下之文一变而古"。可见范仲淹对老友尽心尽责。

优游百花洲

退居闲郡，休憩养病成为生活中的一个重要内容。范仲淹在邓州修缮亭台楼阁，游览风景，赋诗抒情，日子过得相对舒适从容。

邓州城东南隅洼地，往任知州曾在这里修湖成洲，种植花木，修建亭台，称"百花洲"。梅尧臣、欧阳修此前都有过描写百花洲的诗歌，如欧阳修《和圣俞百花洲二首》其一说："野岸溪几曲，松蹊穿翠阴。不知芳渚远，但爱绿荷深。"百花洲从此成为邓州风景秀丽、游人聚集之所在。范仲淹到邓州以后，闲暇时间再度修缮百花洲。引水入湖，修整花圃，在百花洲上建"嘉赏亭"、"菊台"等。百花洲面貌一新，更成为邓州百姓娱乐休闲的好场所。范仲淹修建的"春风堂"也在百花洲一侧，范仲淹还在附近另建"春风阁"。此地风景秀美，当然也是读书、讲学的好地方。百花洲修缮完毕后，范仲淹特地将绘制的《百花洲图》送到陈州，供晏殊观赏，且附有《献百花洲图上陈州晏相公》。诗云：

穰下胜游少，此洲聊入诗。百花争窈窕，一水自涟漪。
洁白怜翘鹭，优游美戏龟。阑干红屈曲，亭宇碧参差。
倒影澄波底，横烟落照时。月明鱼竞跃，春静柳闲垂。
万竹排霜仗，千荷卷翠旗。菊分潭上近，梅比汉南迟。

岸鹊依人喜，汀鸥不我疑。彩丝穿石节，罗袜踏青期。

素发频来醉，沧浪减去思。步随芳草远，歌逐画船移。

绘写求真赏，缄藏献已知。相君那肯爱，家有凤皇池。

诗歌开篇和结尾都有客套话，表示说"穰下胜游少""相君那肯爱"，但是，范仲淹还是非常欣赏百花洲的景致，陶醉其间，乐而忘返。这里，春日百花争艳，一水环绕，白鹭飞翔，绿龟戏水，栏杆屈曲，亭宇参差。湖边景色倒映入湖，碧波澄澈；傍晚夕阳笼罩一切，烟雾缭绕。或者月明之夜，潜鱼竞跃；或者春静时刻，杨柳闲垂。水边的成排翠竹，水面的成片荷叶，秋日的菊花，春天的梅花，各自成趣，四时景色不同。范仲淹常常来此游乐，与"岸鹊""汀鸥"都已经很熟悉，已经达到"鸥鹭无嫌猜"的境界。"彩丝穿石节，罗袜踏青期"，写当地人情风俗。诗歌自注说："襄邓间旧俗：正月二十二日士女游河，取小石通中者用彩丝穿之，带以为祥。"范仲淹修缮百花洲，开放与当地百姓一起游乐，踏青季节，尤其热闹。穿戴得五彩缤纷的女子来往其间，尤增一分艳丽色彩。喜爱之余，范仲淹频频来游，饮酒抒怀，对理想的隐居处所"沧浪"的兴趣也有所减弱。一篇诗歌，看出范仲淹对邓州百花洲景致的由衷喜欢。在另一首《依韵答王源叔忆百花洲见寄》诗中，范仲淹也是极力赞美百花洲，说：

芳洲名冠古南都，最惜尘埃一点无。

楼阁春深来海燕，池塘人静下仙凫。

花情柳意凭谁问，月彩波光岂易图？

汉上山公发新咏，许昌何必诧西湖？

这里的楼阁、池塘、花柳、月彩，都让范仲淹陶醉。范仲淹又有

《中元夜百花洲作》，写自己在此地的一次具体游玩情景：

南阳太守清狂发，未到中秋先赏月。

百花洲里夜忘归，绿梧无声露光滑。

天学碧海吐明珠，寒辉射空星斗疏。

西楼下看人间世，莹然都在青玉壶。

从来酷暑不可避，今夕凉生岂天意。

一笛吹销万里云，主人高歌客大醉。

客醉起舞逐我歌，弗舞弗歌如老何？

范仲淹在邓州过着相对轻松闲适的生活，确实与年龄大了、退居休养的心态有关，如他所言："弗舞弗歌如老何。"况且，邓州一地，在范仲淹的治理之下，出现"庭中无事吏归早，野外有歌民意丰"（《酬李光化见寄二首》其二）的太平盛景，范仲淹当然可以比较放心地游乐了。招待友人、嘉宾，范仲淹大都是陪同游览百花洲，或设宴百花洲，此类活动屡屡见诸范仲淹的诗歌。如云："今叨领南阳，会君乘使轩。

邓州百花洲一角

携手百花洲，无时不开樽。"（《送河东提刑张太博》）

范仲淹对邓州城其他的名胜也多有修缮。如城头的览秀亭，是往任知州谢绛所修建，范仲淹有《览秀亭诗》说："南阳有绝胜，城下百花洲。谢公创危亭，屹在高城头。尽览洲中秀，历历销人忧。作诗刻金石，意垂千载休。我来亭虽坏，何以待英游？试观荆棘繁，欲步瓦砾稠。嗟嗟命良工，美材肆尔求。闩基复曰构，落成会中秋。……"居高临下，眺望百花洲，又是另外一番情致。诗歌记载了重修览秀亭的经过。

在优游休闲生活中，抒情赋诗成为范仲淹日常活动内容之一。前文提到范仲淹游览景色、陪同宾客，往往有诗纪事或助兴。与邻近州郡的地方官或友人，范仲淹也多有诗歌酬唱赠答。邓州时期，成为范仲淹生平文学创作的又一个高潮时期。范仲淹在邓州期间创作的诗文，留存至今的约有六七十篇之多。

作为地方最高行政长官，范仲淹的文学创作会涉及当地民生问题。如邓州秋冬两季连续干旱，一场大雪解了地方燃眉之急。范仲淹喜极有诗《依韵和提刑太博嘉雪》，诗歌前半篇说："南阳风俗常苦耕，太守忧民敢不诚？今秋与冬数月旱，二麦无望愁编氓。龙遁云藏不肯起，荒祠巫鼓徒轰轰。昨宵天意骤回复，繁阴一片飘寒英。裁成片片尽六出，化工造物何其精？"诗歌以下是描写大雪纷飞的情景，抒发自己喜悦的心情。然而，这一阶段诗歌创作更多涉及的是他自己退闲休息、向往隐逸的心境。《依韵酬太傅张相公见赠》说：

出处曾无致主功，南阳为守地犹雄。

醉醒往日惭渔夫，得失今朝贺塞翁。

七里河边归带月，百花洲上啸生风。

卧龙乡曲多贤达，愿预逍遥九老中。

这首诗将范仲淹这一阶段的一种心态表述得非常清楚。回想往日，自我感觉"惭渔夫"，太缺少隐逸休闲生活了，这当然不会是范仲淹的真实心态，略有牢骚意味。但是，今日陶醉于百花洲等美景之中，愿意与当地贤达往来，逍遥卒岁，却是当下的一种真实心声。唐代白居易晚年退居洛阳，结"香山九老"，诗酒度日，这种生活正是范仲淹此时所羡慕的。范仲淹时常寻访当地隐逸之士，《寄安素高处士》说：

> 吏隐南阳味日新，幕中文雅尽嘉宾。
>
> 满轩明月清谭夜，共忆诗书万卷人。

诗歌写得恬淡从容。月夜清谈，话题不离诗书，是何等的雅致清闲？

邓州西南光化军（今湖北老河口）知军李简夫是范仲淹的老朋友，范仲淹在邓州时与李简夫的诗歌赠答酬唱十分频繁。《依韵酬光化李简夫屯田》说：

> 老来难得旧交游，莫叹樽前两鬓秋。
>
> 少日苦辛共名立，晚年恬退语相投。
>
> 龚黄政事聊牵强，元白邻封且唱酬。
>
> 附郭田园能置否？与君乘健早归休。

两人年龄相当、交情深厚、志趣相投，难怪相互之间的诗歌酬唱这么频繁。范仲淹想传承白居易与元稹相邻为官、诗歌酬唱的佳话，为自己退闲生活增添色彩。一组《和李光化秋咏四首》诗，能够表现出范仲淹这阶段文学创作的功力。诗云：

《晓》：墙外辘轳响，楼前江汉歌。曙光和月色，犹记早朝时。

《昼》：日色清如照，前林叶未零。海东新隼至，一点在青冥。

《晚》：晚色动边思，去年犹未归。戍楼人已冷，目断望征衣。

《夜》：春色人皆醉，秋宵独不眠。君看明月下，何似落花时。

　　范仲淹非常喜欢创作五绝或七绝，留存至今的五绝有49首、七绝有45首。这组诗主题是写"秋思"。秋日思远，是宋词常见的题材，范仲淹拿来入诗，表现出率真多情的性格侧面。诗歌根据时间的顺序安排组织。第一首写晓行，一大清早就是分别，其中隐含闺情。第二首写秋日景物的开阔爽朗、清明净洁，这是秋天特有的景象。第三首写傍晚闺中思边之情，宋人好借思边题材写男女情思。第四首写秋夜无眠，独居孤寂，长夜无聊，只能在明月下眺望落花。四首诗的情感皆倾向于寂寞凄清，力求含蓄，寄情于景，回味无穷。

　　范仲淹有着"先忧后乐"的博大胸怀，无论仕途显达或困厄，都坚持"进亦忧、退亦忧"的立场。在邓州期间，他将相对多的时间和精力放到优游消遣方面，实在是有不得已之处。那也是在现实政治风云变幻的背景下，范仲淹的一种自我保护、自我排遣手段。

　　范仲淹《依韵酬李光化见寄》诗说：

南阳偃息养衰颜，天暖风和近楚关。

欲少祸时当止足，得无权处始安闲。

心怜好鸟来幽院，目送微云过别山。

此景此情聊自慰，是非何极任循环。

　　"少祸""无权"，将自己的不得已说得非常清楚。以范仲淹的从政能力和从政经验，处理一州政务绰绰有余。仁宗和朝廷权贵不许范仲淹关心其他政务，剩余的时间只能是休养身心了，对现实政治也只能采取"是非何极任循环"的态度了。然而，此时的范仲淹仍然将地方政务摆到第一位，将政事与休闲处理得非常得当。

他曾有《依韵答提刑张太博尝新酝》诗说：

南阳本佳处，偶得作守臣。

地与汝坟近，古来风化纯。

当官一无术，易易复循循。

长使下情达，穷民奚不伸。

此外更何事，优游款嘉宾。

范仲淹在邓州的游乐潇洒生活，都是安排在"拳拳民政"之后，所以才有当地人对范仲淹深切的永久的怀念。

千年岳阳楼

庆历四年（1044）二月，范仲淹的好友滕子京任岳州知府。滕子京和范仲淹二人为同科进士，志同道合，自相识后就建立了长久的友谊，曾经在西溪修堤筑坝过程中并肩作战，稳定了军心。此次赴岳州（今岳阳）任知府，也是受了当年范仲淹被打击的牵连。但是将才到哪里都会有用武之地。滕子京来到岳州后，深入基层调查研究，遍访当地老者，倾听百姓呼声，寻求治城良策，仅仅一年时间，他励精图治，偌大的岳州城被治理得井井有条，经济繁荣，人心向善，人们安居乐业，社会和

新建的岳阳楼

谐。显示了滕子京的管理才能和执政水平，当地居民都十分敬重这位父母官。

　　岳阳西临洞庭，北扼长江，自古以来就是南北交通的咽喉之地。从洞庭湖上向岳阳远眺，最引人注目的是屹立于湖畔的一座三层的城楼，被蓝天白云衬托得十分壮观。那就是著名的岳阳楼。岳阳楼相传是三国时期鲁肃为观望敌阵所修的一座"谯楼"，谯楼也就是用以高望的楼。盛唐时，张说贬守岳州。此时张说饱经风霜，年近半百，乃借扩修岳阳楼，以寄情消愁。竣工后，因其在天岳山之南，遂定名为岳阳楼。岳阳楼耸立在今湖南省岳阳市西门城头、洞庭湖畔，自古有"洞庭天下水，岳阳天下楼"之誉，与江西南昌的滕王阁、湖北武汉的黄鹤楼并称为江南三大名楼。李白、杜甫、白居易、张孝祥、陆游等著名诗人都曾在这里留下脍炙人口的诗作。

　　滕子京贬职岳阳虽愤郁满怀，却励精图治，治城有方，社会一派繁荣景象。闲暇之余，滕子京到岳阳楼参观，看到张说时期改扩建的岳

万古流芳

范仲淹

阳楼也已经年久失修，于是他产生重修岳阳楼的想法，也是想寄情托志于土木建设之中。滕子京先在岳阳迁建文庙，维修南湖紫荆堤，并筑偃虹堤，以防止洪水冲击岳阳楼。欧阳修曾写《偃虹堤记》赞之。新修的岳阳楼扩大了原来的规模，楼上镌刻了历代名人诗歌辞赋，并于楼北建燕公楼，专祀张说。滕子京犹觉不足，以为"山水非有楼观登览者不为显，楼观非有文字称记者不为久，文字非出于雄才巨卿者不为著"。于是请名家作画《洞庭晚秋图》，裱于楼上。画作有了，还应该有人写一篇文章来记述重修岳阳楼这件事。他猛然想起了一同被贬邓州，并且才华横溢、妙笔生花的好友范仲淹，不如让范兄写一篇文章赞美新改建的岳阳楼。于是滕子京将《洞庭晚秋图》连同亲拟《求记书》一并寄给好友范仲淹。

此时的范仲淹贬居邓州。庆历新政失败后，多年的官场争斗、连年的边关战事，使范仲淹的身体和心情都处于一个十分糟糕的境况，每天

岳阳楼旧址

处理完公事后就在家读书静养，与诗书琴画为伴。庆历六年（1046）六月的一天，他忽然接到了昔日好友滕子京从湖南岳阳的来信，要他为重新修竣的岳阳楼作记，并附上《洞庭晚秋图》。洞庭天下水，岳阳天下楼。八百里洞庭湖，南接湘、资、沅、澧四水，北分松滋、太平等长江支流，烟波浩渺，湖山辉映，自古以来就是令人神往的江山胜地。看到《洞庭晚秋图》，想象着洞庭湖的美景，范仲淹眼前浮现出滕子京在岳阳的励精图治及岳阳城经济繁荣的景象，胸中不由翻江倒海，往事历历在目，感触万千：西溪大坝的激流勇进，朝野之间的尔虞我诈，杭州城内灾民叫苦连天，金戈铁马，阁中书卷，仁宗皇帝忽而挥袖将他贬，忽而笑逐颜开手诏亲见，还有妻子牵衣滴泪的阻劝，那边关的羌笛声声，父子边关上阵一马当先……范仲淹心中万分激动，顿来灵感，在花洲书院欣然命笔，一气呵成，遂有《岳阳楼记》千古名篇。

范仲淹的《岳阳楼记》用简练优美的文字描述了洞庭湖波澜壮阔的景色，但文章超越了单纯写山水楼观的狭隘，将自然界的晦明变化、风雨阴晴和"迁客骚人的览物之情"结合起来写，从而将全文的重心放到了寓景抒情，寓景言志，升华了文章的境界。全篇看似闲笔漫叙，实际上却大有深意。范仲淹正是借作记之机，含蓄委婉地规劝好友滕子京要"不以物喜，不以己悲"，以自己"先天下之忧而忧，后天下之乐而乐"的济世情怀和乐观精神感染老友。不仅表现作者虽身居江湖，心忧国事，虽遭迫害，仍不放弃理想的顽强意志，同时，也是对被贬战友的鼓励和安慰。

范仲淹为我们写了一篇千古美文，留下了一笔重要的文化遗产和政治财富。同时，范仲淹也以不朽的政治家、思想家和文学家之名载入史册。

徙知杭州

在邓州三年任满，范仲淹要求到风景秀丽而闻名天下的杭州任职，获朝廷同意。皇祐元年（1049）正月，61岁的范仲淹徙知杭州，三月到任。《杭州谢上表》说："江海上游，东南巨屏，所寄至重，为荣极深。"《知杭州谢两地启》说："东南得请，凤夕趋程。地重寄优；感深愧集。"这些话都是出于至诚，并不是随意应酬。范仲淹早年就对杭州的景色向往不已，曾对胡则退居西湖的生活极度羡慕，这次任职了却了他晚年悠游西湖等山水之间的夙愿。

任职邓州、杭州这一阶段，范仲淹与仁宗及朝中大臣的矛盾已经趋于缓和。对仁宗及朝中大臣来说，范仲淹已经彻底被驱离中央权力中心，仁宗不会感觉到一个积极有所作为的"朋党"给自己带来的巨大压力，朝中大臣也认为范仲淹不再对他们的权位构成威胁。对范仲淹来说，年事已高，疾病缠身，同时他也明白自己不可能再有机会在中央政府大有作为。于是，矛盾的双方发生了诸多改变。范仲淹德高望重，誉满全国，既然范仲淹已经不对仁宗和朝中大臣构成威胁，他们就会尽量满足范仲淹的其他要求。范仲淹也比较宁静地接受仕途上的这些改变，心态非常平和。此时，已经完全没有数年前山雨袭来、剑拔弩张的政治对立的紧张状态和气氛。皇祐元年（1049）二月，仁宗下诏咨询"辅翊之能，方面之才"，权三司使叶清臣对策中，一再提及："为社稷之固者，莫如范仲淹""范仲淹深练军政"。就在这个月，仁宗特意派遣内侍到杭州，赐凤茶给范仲淹，以表示对老臣的眷顾，范仲淹有《谢赐凤茶表》。

到杭州的第二年，江浙地区遭遇大灾，饥荒流行，道路尸骨枕藉。范仲淹一方面开仓发放赈灾粮，纾解燃眉之急；另一方面，范仲淹想方设法，帮助灾民度过艰难岁月。第一，当地百姓喜欢举行竞渡活动，范仲淹下令放纵百姓举办竞渡，自己也常常到湖上宴饮，参与百姓的游乐活动。从春天到夏天，这样的竞渡活动以及范仲淹的宴饮接连不断。有能力举办竞渡活动的，肯定是地方上的有钱人。每次活动自然要使用相当部分民力，许多饥民因此得到工作的机会。范仲淹的宴饮参与，就是要利用自己和官府的影响力，推波助澜，调动更多的民间资金投入进去。据记载，当时杭州居民常常"空巷出游"。第二，杭州百姓信佛，喜欢举办佛事，范仲淹也加以鼓励。做佛事，不仅会有部分慈善捐款，而且也要使用部分民工。第三，范仲淹召集各寺院主持，告诉他们说：现在饥荒岁月，工匠的工钱是最便宜的时候，你们应该趁机修建寺院。于是，各个寺院都大兴土木，"诸寺工作鼎兴"。第四，范仲淹大肆修建仓库、官吏住宅等，每天都要用民工千人以上。第五，设法让各地的粮食汇聚杭州。灾荒年月，江浙地区粮食价格疯涨，斗米需要120贯钱。范仲淹宣布将杭州斗米的价格增加到180贯，而且派人沿江张贴布告，说明杭州缺粮和现行的粮价。商人听到这个消息以后，日夜兼程，将粮食运往杭州。粮食多了以后，米价自然下跌。

后来包拯知庐州，遇灾荒年月，就学习范仲淹所为，不限制当地粮价。范仲淹以往要求寺庙"止可完旧，勿许创新"（《上执政书》），是从节约民间财力的角度出发的。灾荒年月的举措就不能相同。也就是说，范仲淹不是一味被动地开仓赈灾，而是积极地调动民间和官府的资金，创造出更多的工作机会，让绝大多数灾民都能糊口生存。并运用市场杠杆原理，让商人异常积极主动地运粮到杭州。

当时专门的监督部门官员不理解范仲淹的作为，曾经向朝廷报告：

万古流芳

范仲淹在杭州不体贴关心灾情，放纵游乐，没有节度，到处都是或公或私的土木兴建，耗费财力。范仲淹于是向朝廷仔细汇报自己的作为及其目的，范仲淹的意图就是"皆欲以有余之财以惠贫者"。因为范仲淹的积极调动，杭州当时的商业贸易、餐饮、工匠手艺、民工劳力等方面，一天都要多提供数万个工作机会。范仲淹认为：灾荒年月地方官府的行政职能和政绩，以此为最大。即：盘活一切多余资金，拉动内需，创造出尽可能多的工作机会。那一年，两浙地区只有杭州百姓不会流离失所，不用离家逃难；只有杭州地方安宁，没有发生骚动。今天多国经济学家和领导人应付经济危机的手段，在很多方面与范仲淹类似，足见范仲淹之卓越超人。范仲淹行政能力和才干过人之处，再次得到证明。以后，遭遇灾荒，从中央政府到地方长官，多方面都学习范仲淹的作为，许多做法也都被立为朝廷政令。次年杭州丰收，范仲淹高兴地给老朋友韩琦写信说："此中蚕麦大获，秋稼已盛，甚释忧惧。"范仲淹与杭州百姓共同度过了艰难的一年。

范仲淹留心政务的另一作为是向朝廷推荐人才。皇祐元年（1049）七月，范仲淹升任尚书礼部侍郎，有《举张升自代状》，说：张升"清介自立，精思剧论，有忧天下之心；纯诚直道，无让古人之节"。请求朝廷将张升升职，以取代自己。面对权势富贵，恬淡退让，只是为国家举荐有用之才，是范仲淹又一高风亮节的表现。据南宋人笔记记载，范仲淹在杭州举荐的官员非常多，只有巡检苏麟没有得到举荐。苏麟于是献诗给范仲淹说："近水楼台先得月，向阳花木易为春。"这两句诗写得很精彩，指诸多事物容易得地势之利，诗歌将日常生活常识提炼为哲理化的诗篇，成为流传千古的名句。苏麟果然因此得到了范仲淹的荐举。

皇祐元年（1049）十一月，范仲淹又特别向朝廷举荐民间学者李觏。范仲淹与李觏交往数十年，对李觏的学术水平十分钦佩。这次特地向朝廷送去《荐李觏并录进礼论等状》。在此状中，范仲淹认为搜罗天下之才是自己的职责。所以，范仲淹要求自己"以举善为忠"，成就帝王的"知人之明"。范仲淹推荐说："建昌军草泽李觏，前应制科，首被召试，有司失主。遂退而隐，竭力养亲，不复干禄。乡曲俊异，从而师之。善讲论六经，辩博明达，释然见圣人之旨。著书立言，有孟轲、扬雄之风，实无愧于天下之士。"与此状一起，范仲淹将李觏著作十卷同时送给朝廷，包括：《礼论》七篇、《明堂定制图序》一篇、《平土书》三篇、《易论》十三篇。范仲淹同时为李觏设想非常周到，说："其人以母老不愿仕官，伏乞朝廷优赐，就除一官，许令侍养。亦可光其道业，荣于闾里，以明圣人在上，下无遗才。"第二年六月，范仲淹再次向朝廷举荐李觏。仁宗于是将李觏有关著作送给两制官员审读，大家都称赞李觏"学业优异博洽"，李觏得以授试太学助教。李觏是北宋最杰出的思想家之一，最终因范仲淹的举荐进入仕途。

这一年，北宋政坛另外一位风云人物王安石已29岁，时知鄞县（今属浙江）。鄞县与杭州距离较近，王安石心仪范仲淹已久，便写了《上范资政先状》投给范仲淹，渴望到杭州拜见范仲淹。王安石这时在政坛和文坛上都已经崭露头角，得到朝野的共同好评，范仲淹当然非常高兴能与王安石会面。

王安石有《上杭州范资政启》和《谢范资政启》两封书信，盛赞范仲淹的道德声望和事业功勋，感激范仲淹对自己的关爱。范仲淹去世后，王安石作《祭范颍州文》，对范仲淹推崇备至。王安石励志朝政革新，当然有受到范仲淹等前贤感召的因素，况且，王安石变法也从范仲淹之从政经验中汲取了相当多的养分。

杭州景色之美，自唐朝以来已经闻名天下。范仲淹来此地做官，同时有借杭州秀丽湖山休养身心的目的。加上前文所言为救灾的特意游玩，范仲淹便常常流连于杭州西湖山水之间，尽情欣赏当地的青山绿水，且时时形诸歌咏。白居易当年为杭州太守，有诸多咏叹杭州景色的诗篇，寄给外地朋友。范仲淹追慕前贤，这段时间寄给外地友人的诗篇，往往是赞美杭州秀美景色的。《依韵和并州郑宣徽见寄二首》说：

> 钱唐作守不为轻，况是全家住翠屏。
>
> 名品久参卿士月，部封全属斗牛星。
>
> 仁君未报头先白，故老相看眼倍青。
>
> 最爱湖山清绝处，晚来云破雨初停。
>
> 西湖载客恣游从，湖上参差半佛宫。
>
> 回顾隙驹曾不息，沉思樽酒可教空。
>
> 层台累榭皆清旷，万户千门尽郁葱。
>
> 向此行春无限乐，却惭何道继文翁。

全家都居住在风景如画的"翠屏"间，春日出游，湖山清绝，或品茶赏月，或泛舟西湖。湖边，佛庙参差林立；四周，树木郁葱环绕。晚来云破雨停又是一番景致，范仲淹完全陶醉其间。回顾一生从政生涯，四处奔走，时间如"隙驹"般迅捷消逝，范仲淹也由此特别珍惜眼前"樽酒"赏景的休闲时光。诗歌中处处流露出对杭州山水的由衷喜爱之情。又如《依韵答蒋密学见寄》说：

> 东南为守慰衰颜，忧事浑祛乐事还。
>
> 鼓吹夜归湖上月，楼台晴望海中山。
>
> 奋飞每美冥鸿远，驰骋那惭老骥闲。
>
> 此日共君方偃息，是非荣辱任循环。

范仲淹自称在杭州做地方长官，忘却了以往所有的"忧事"，与日常生活相伴随的只有"乐事"，这当然是文学夸张的语言。不过，这也可以表现出范仲淹这阶段心态的一个侧面。在另一首《依韵和苏州蒋密学》诗中，范仲淹也说流连杭州山水，"此乐无涯谁可共"。"鼓吹夜归湖上月，楼台晴望海中山"，真是人间仙境。从诗歌描写来看，范仲淹常常是从白天一直游玩到夜里，不论晴天还是下雨。这样的从容尽情游玩，与范仲淹以往席不暇暖的官宦生涯，有了相当程度的不同。

杭州的钱塘江大潮是天下奇观，身临其境者无不被震撼。范仲淹写于杭州的优秀诗篇，就有咏钱江大潮的。《和运使舍人观潮二首》其一说：

何处潮偏盛，钱唐无与俦。

谁能问天意，独此见涛头。

海浦吞来尽，江城打欲浮。

势雄驱岛屿，声怒战貔貅。

万迭云才起，千寻练不收。

长风方破浪，一气自横秋。

高岸惊先裂，群源怯倒流。

腾凌大鲲化，浩荡六鳌游。

北客观犹惧，吴儿弄弗忧。

子胥忠义者，无覆巨川舟。

钱塘江潮排山倒海而来的雄伟壮观气势，被描摹得淋漓尽致。

徙知青州

皇祐三年（1051）正月，朝廷再度对范仲淹委以较大的行政职责，范仲淹以户部侍郎官职徙知青州（今属山东），兼青、淄、潍、登、莱、沂、密、徐州及淮阳军等九州岛军安抚使。北宋时期青州是京东东路路治所在，地处要害，范仲淹《青州谢上表》说："海岱之区，地望攸重；岳牧之任，邦选甚隆。"范仲淹数年前就准备退闲养病养老，想不到再次被朝廷重用，只得勉力而为，三月到任。《青州谢上表》说：自己已经"渐兹朽衰，期以退藏"，想不到"皇帝陛下天量庇全，圣衷收采，改此巨藩之守，谨诸连帅之权"，自己只能竭尽余力以报效国家。

青州与范仲淹少年生活成长的地方淄州长山距离很近，相去不到百余里。赴任途中，范仲淹特意经过长山，看望儿时乡亲。长山父老乡亲深以为荣，组织了盛大的欢迎仪式，在城西十里处迎接范仲淹的到来。范仲淹到青州后，作诗曰：

> 长白一寒儒，登荣三纪余。
> 百花春满地，二麦雨随车。
> 鼓吹前引道，烟霞指旧庐。
> 乡人莫相羡，教子苦诗书。

范仲淹1115年登进士第，到此时正好"三纪余"。范仲淹是上巳节

（农历三月三）到青州的，特意到长山时，正是春季大好时光。范仲淹所见到的是百花盛开、耕作繁忙的景象，心情很愉快轻松。乡亲们吹打着乐器引导范仲淹回乡，在春日美丽的烟霞中看到了自己少年时居住的"旧庐"。与乡亲的聊天中，范仲淹当然听到了许多景仰、崇拜、羡慕的话语，范仲淹于是告诫说：教育子女苦读诗书，就会有他日的成就，殷切之意见于言表。范仲淹以礼参拜乡亲的地点，后人命名为"礼参坡"（今山东邹平礼参镇）。

青州的前任是范仲淹的好友富弼，范仲淹写给韩琦的信中说："某上巳日方至青社，继富公之后，庶事有伦，守之弗坠。"范仲淹说：地方事务已经被富弼整顿管理得非常有条理，他只需要按照富弼的规章接着做就是了。当然，这是范仲淹的谦虚。事实上，范仲淹在青州为官不到一年时间，还是做了几件大事。

首先，当年河北等地遇到重大灾荒，大量灾民涌入青州境内，每天入城的灾民居然有六七千人之多，青州当地物价飞涨。范仲淹写给韩琦的信中叙述了这些情况，并提及自己正在救济灾民。他奏请朝廷，留足一年所需军粮，将其余仓库所储存的粮食都用来救济灾民。史料匮乏，没有更多详细记载范仲淹在青州救济灾民的手段。不过，范仲淹有丰富的处理灾荒事件的经验，这次也应该采取过类似的许多手段。

其次，范仲淹设法减轻青州百姓的赋税负担。朝廷规定：青州的赋税需要到博州（今山东聊城）缴纳。以往都是青州百姓自己运送粮食到博州，百姓要负担旅途的费用和损耗。范仲淹变革纳税措施，将百姓应纳的赋税折算成钱钞，在青州当地交钱。然后，范仲淹派遣官员携带钱财，到博州购买粮食，替代百姓缴纳赋税。博州粮价远远低于青州，范仲淹要求青州官员在博州以高于当地的价格收购粮食，且要求他们在博州张贴巨幅榜文，广而告之，博州百姓售粮的积极性就很高。不到5天时间，就收购了足够的粮食，青州很容易就完成了朝廷的赋税任务，而且还有数千缗钱剩余。另一方面，范仲淹告诫前去博州的官员要非常节俭，借庙宇居住就可以，不能花费公款。而后，范仲淹将节省下来的钱，重新退回给青州百姓。博州百姓增加了收入，青州百姓大大减轻了负担，一举两得。青州百姓后来因此为范仲淹塑像立祠，常年祭拜。王安石熙宁年间变法，其"均输法"之要点就是承继范仲淹在青州的作为。

此外，青州期间范仲淹依然热情地向朝廷推荐人才。到青州任后，马上有《举张讽李厚充青州职官状》递交朝廷。范仲淹说：前御史台主簿张讽，文学才能出众，品行纯正高雅，以有才而闻名。希望朝廷能够"特赐召试，授一出身，差签署青州观察判官厅公事"。邓州南阳主簿李厚，"素有文行，涉道且深"，"欲乞朝廷特除权青州两使推官，兼管勾安抚司机宜文字"。荐举的两位官员，一是旧日朝廷中官员，一是旧日邓州属下，可见范仲淹时时为朝廷留意人才。宋代经过科举等变革，官员选拔相对公开公正。宋代士大夫关心国事，积极为朝廷荐举人才，一时形成风气。北宋诸多大臣都有喜欢荐举人才的美名，如晏殊、范仲淹、欧阳修、苏轼，等等。范仲淹是其中的佼佼者。

在青州范仲淹少不了寻幽访胜。青州龙兴寺西南面的洋溪中，一日忽然有清泉涌出，成为当地一大新闻。泉水周围，古木环绕茂密，人迹罕至。此地离开青州城才数百步，就有如同深山般的景观。范仲淹就在泉水旁修筑一小亭，并刻石记其事，时而来此游玩。当地人缅怀范仲淹的恩德，后将此泉命名为"范公泉"。此后，来到青州的隐士墨客，都要到这里游玩，在这里赋诗弹琴、品茶休闲，欧阳修等人都有赋诗刻石。《渑水燕谈录》卷八记载此处景色说："日光玲珑，珍禽上下，真物外之游，似非人间世也。"这里，成为青州最有名的风景游览区。

青州城西南有石子涧，瀑布飞泻，景致壮观。范仲淹游览此地，有《石子涧二首》：

凿开奇胜翠微间，车骑笙歌暮未还。

　　彦国才如谢安石，他时即此是东山。

　　飞泉落处满潭雷，一道苍然石壁开。

　　故老相传应可信，此山云出雨须来。

　　范仲淹此时的游览观光是开怀畅意的，"车骑笙歌"相从，观赏"翠微间"的"飞泉"泻落，一直到天黑也不愿离去。此地"凿开奇胜""苍然石壁开"的巍峨壮观，给范仲淹留下深刻印象，以至于相信了当地"故老"传说："此山云出雨须来。"富弼字彦国，知青州时曾在石子涧旁建亭祈雨，当地人称"富公亭"。范仲淹游览此地，自然想起老友。富弼比范仲淹年轻十五岁，范仲淹当然期待富弼有东山再起的时机，富弼后来确实也数次进入二府，出任宰相、枢密使等职。范仲淹推许富弼"才如谢安石"，渴望"他时即此是东山"，同时表现出自身济世志向并没有衰歇。范仲淹一生实践了"进亦忧，退亦忧"的精神，虽然时有退闲退隐的想法，但都不是他思想的主导面。

　　青州城西北四公里处有尧王山，相传尧巡狩时曾登此山，山上建有尧庙。范仲淹游览此山此庙时感慨更多，《尧庙》说：

　　　　千古如天日，巍巍与善功。

　　　　禹终平洚水，舜亦致薰风。

　　　　江海生灵外，乾坤揖让中。

　　　　乡人不知此，箫鼓谢年丰。

　　尧、舜、禹都是古人崇拜的政治领袖楷模，范仲淹游尧庙的心情就比较复杂。他向往古代圣贤所建立的丰功伟业，更向往他们"乾坤揖让

中"的政治品格和胸怀，婉转表达的是对现实政治倾轧的不满，对自己现实遭遇的愤懑。结尾二句写"乡人"的目光短浅，只知道将尧作为丰收保佑神祭拜，传达出范仲淹对现实社会的批判。在范仲淹的深层思考中，"庆历新政"的无疾而终，乃至后来备受攻击，不是几种简单的因素造成的，与现实社会的庸俗浅陋密切相关。这首诗表现出晚年范仲淹思想上的更加成熟。

青州万年桥北有表海楼，又称表海亭，也是当地的游览名胜之处。范仲淹时常登临此楼，有《登表海楼》诗：

> 一带林峦秀复奇，每来凭槛即开眉。
>
> 好山深会诗人意，留得夕阳无限时。

登临凭栏眺望，山峦林木奇秀，心胸为主豁然。眼前的夕阳也无限美好，似乎是"好山深会诗人意"而特意为之保留的。晚年的范仲淹，被排挤出政治中心，疾病缠身，却并不衰颓。将这首诗与李商隐"夕阳无限好，只是近黄昏"比较，格调、气象不同显而易见。范仲淹依然有大好的心情，有蓬勃的朝气，毫无衰疲颓唐迹象。

范仲淹少年时代常常经过淄州石门涧，此地有一种特殊的石头叫"青金"，青黑颜色相杂，纹理细密，就像铜屑一样。范仲淹非常喜欢这种石头。范仲淹在青州的时候，特地派石匠前去开采"青金"石，制作成砚台。这种砚台发墨效果非常好，类似歙砚。在北宋时，这种砚台得到普遍使用，人称"范公台"。

手书《伯夷颂》

皇祐年间，范仲淹俨然成为当代知识分子的楷模，其德高望重已经获得普遍承认。范仲淹的道德情操，对当时与后代都产生深远影响。这样的影响，也可以从范仲淹手书《伯夷颂》及其传播这样一件事上得到具体体现。

皇祐三年冬，范仲淹用黄素小楷手书唐韩愈文章《伯夷颂》，寄赠京两转运使苏舜元，一时传播甚广，成为北宋文化史上的特殊事件。当时及后世观赏、题跋者甚多，其热烈、隆重之程度令人叹为观止。元人董章跋曰："伯夷之行，昌黎颂之，文正书之，真三绝也。"韩愈全文如下：

士之特立独行，适于义而已。不顾人之是非，皆豪杰之士，信道笃而自知明者也。一家非之，力行而不惑者，寡矣；至于一国一州非之，力行而不惑者，盖天下一人而已矣；若至于举世非之，力行而不惑者，则千百年乃一人而已耳。若伯夷者，穷天地，亘万世，而不顾者也。昭乎日月不足为明，崒乎泰山不足为高，巍乎天地不足为容也。

当殷之亡，周之兴，微子贤也，抱祭器而去之。武王、周公，圣也，从天下之贤士与天下之诸侯而往攻之，未尝闻有非之者也。彼伯夷、叔齐者，乃独以为不可。殷既灭矣，天下宗周，彼二子乃独耻食其粟，饿死而不顾。由是而言，夫岂有求而为哉？信道笃而自知明也。

今世之所谓士者，一凡人誉之，则自以为有余；一凡人沮之，则自以为不足。彼独非圣人，而自是如此。夫圣人乃万世之标准也，余故曰：若伯夷者，特立独行，穷天地，亘万世而不顾者也。虽然，微二子，乱臣贼子接迹于后世矣。

伯夷和叔齐义不食周粟之行为，得到后世更多的肯定和崇尚。韩愈《伯夷颂》从"士之特立独行，适于义而已"的角度出发立论，高度推崇说："伯夷者，穷天地，亘万世，而不顾者也。昭乎日月不足为明，崔乎泰山不足为高，巍乎天地不足为容也。"就事论事，韩愈推许过高，不是平心之论，不足服人。所以，韩愈写作此文后，在范仲淹手书之前，几乎不见人们之引用或评论，传播范围有限，影响甚微。

范仲淹手书此文，完全改变了《伯夷颂》的传播命运。当时便有朝廷重臣、同时是范仲淹政坛上的挚友文彦博和富弼为主题诗。文彦博有《跋文正公手书伯夷颂墨迹》诗题于卷后，云："书从北海寄西豪，开卷裁窥竦发毛。范墨韩文传不朽，首阳风节转孤高。"文彦博题记称："戊申后三十有七日，许昌郡斋中题。"可见，范仲淹手书作品是先寄到文彦博处，再转送给苏舜元的。苏舜元因此有诗回复范、文二公："法书遥逐使车还，佳句新从相府颁。牢落二贤天地外，风流三绝古今间。""二贤"既可指伯夷、叔齐，又可指范仲淹、文彦博，语意双关。富弼同时也有诗题跋："夷清韩颂古皆无，更得高平小楷书。旧相佳篇题卷后，苏家能事复何如？"文彦博于皇祐三年十月罢相，故称"旧相"。

苏舜元极度珍爱该卷作品，制作副本寄赠政坛和文坛名流，引起一阵题咏热潮。首先是与范仲淹有师友之谊的前宰相、文坛领袖晏殊题咏五言诗："首阳垂范远，吏部属辞深。染翰著嘉尚，系言光德音。褒崇亘千祀，精妙极双金。题咏益珍秘，用昭贤彦心。"范仲淹庆历新政时坚定的盟友、退休宰相杜衍则有七言诗题咏："希文健笔钞韩文，文为首阳山下人。宁止一言旌义士，欲教万古劝忠臣。颂声益与英声远，事迹还随墨迹新。当世宗工复题咏，尤宜率土尽书绅。"诸家题咏，皆围绕着伯夷气节、韩愈文章、范仲淹手书三者做文章，高度推许该作品的道德教化作用。与范仲淹有过交往的其他题记者有：前任宰相陈执中、现任宰相贾昌朝、著名书法家蔡襄等。

熙宁、元丰年间，有机会亲见该作品而题记者更多，如韩绛、程颐等。韩绛诗云："高贤忠义古今同，手笔遗篇法甚工。宝轴传家当不朽，追怀余思凛生风。"北宋观赏题记者还有黄庭坚等数十人，包括范仲淹的儿子范纯仁和范纯粹，南宋则有秦桧、贾似道。后代观赏题记者更多。

这件作品为多人收藏，流传甚远，时而出入宫禁，时而流落民间。南宋时曾被权相秦桧和贾似道收藏，秦桧题诗云："高贤邈已远，凛凛生气存。韩范不时有，此心谁与论？"后人都认为：秦桧这样的败类，没资格景仰范仲淹、韩琦等人。贾似道败亡，该卷作品没入官。宋亡，流入北方。元朝时，李戡得之于元大都，将它送还给范仲淹后裔。元末流落军中，明朝时为王世贞以重金购得，再次归还范氏后裔。乾隆六十年（1795），范家遭火灾，此卷化为灰烬，实在可惜！

范仲淹一生言行及其文章所表现出来的人格风貌，在北宋时期有其特定的价值，在思想史和文化史上都有其特殊的意义。范仲淹手书《伯夷颂》的传播，从一个侧面说明了问题。

范仲淹作为这种士风转变的标志性人物，得到时人、后人的充分肯定。朱熹极力称赞范仲淹"大厉名节，振作士气"之功绩。《伯夷颂》的传播，正是时人、后人对范仲淹言行品德景仰学习的一个结果。

终老徐州

　　范仲淹奔波辛劳一生，到青州时病情加重，实在无力承担繁重的政务工作。皇祐三年末，范仲淹到青州未满一年时间，就给朝廷上《陈乞颍亳一郡状》，要求朝廷将自己调到清闲的州郡养老养病。范仲淹说自己"年高气衰，日增疾恙。去冬以来，顿成羸老，精神减耗，形体旺弱，事多遗忘，力不支持"。来青州以前，身体状况已经很差，范仲淹是勉力支撑到青州任的。到任以后，只得将青州大量的政务交给通判等属僚处理。然而，"安抚一路九州岛军，兵马公事繁多"，还有"郡县利害，乡川寇盗"等繁杂事务，范仲淹完全无法应付。"自臣抱病，勾管不前"，都是委托属下处理。范仲淹认为这样会耽误朝廷和地方政务，"揣己量力，实不自安"。所以，请求仁宗"于颍、亳二州"挑选一处，将自己移官到那里，"可以养疾，庶安朽质，少保残年"。颍州和亳州在宋代是闲郡，是退闲大臣养老的处所，没有行政事务负担。仁宗此时对范仲淹只有眷念之情，接到范仲淹陈乞状之后，立即同意，皇祐四年（1052）正月，范仲淹徙知颍州。

　　范仲淹是一位先忧后乐、鞠躬尽瘁、死而后已的良臣，这次能提出退闲养病的要求，一定是病情到了相当严重的地步了。果然，在赴颍州任途中路经徐州时，范仲淹病情进一步恶化，只得留在徐州治病。仁宗听说此事后，也非常牵挂范仲淹，特意派遣使者到徐州送药慰问。好友韩琦听到消息后，也特别派人带信送药给范仲淹。范仲淹已经处在弥留之际，自知病重不治，于是给朝廷上《遗表》，最后一次对皇帝、对朝廷、对国家、对百姓竭尽忠诚。范仲淹说自己"灵医不效，积疴见困""神不在形，气将去干"，"冥冥幽壤"将是自己的最终归所。

这时候，范仲淹才为自己庆历新政的作为做公开辩护。当时因得仁宗信赖和重用，自己也期望对国家有特别的贡献。然而，"事久敝则人惮于更张，功未验则俗称于迂阔。以进贤援能为树党，以敦本抑末为近名"。此前，韩琦、欧阳修等都曾经为范仲淹辩护或申诉，范仲淹处于政治漩涡中心，始终不发一言。他目睹了新政措施一一被朝廷明令废止，目睹了同志友人一一被调离、贬谪、罢免，目睹了朝野积弊依然且越发严重，内心有许多痛楚和愤懑。《遗表》中的这几句特别申诉，表明了范仲淹坚持一贯的政治立场。

但是，范仲淹更加关心朝廷和国家的将来，《遗表》中恳切希望仁宗"调和六气，会聚百祥，上承天心，下徇人欲。明慎刑赏，而使之必当；精审号令，而期于必行。尊崇贤良，裁抑侥幸，制治于未乱，纳民于大中"。这一切都是范仲淹毕生追求的政治目标，也是范仲淹庆历新政的核心内容，临终重提，拳拳心意，人神共泣！

皇祐四年（1052）五月二十日，范仲淹病逝于徐州，终年64岁。

全国百姓听说范仲淹去世的消息，都痛惜不已。甚至偏僻山野乡村，也多有为之哭泣哀悼者。曾经在范仲淹属下的边疆少数民族，也在佛寺为范仲淹举办三日哀悼仪式，痛哭流涕，如同父亲去世。仁宗闻讯，久久嗟叹悼念，特别派遣使者去慰问范仲淹家人。范仲淹《遗表》中没有一字一句涉及个人要求或私事，仁宗嘱咐使者询问范仲淹家人有什么需要，范仲淹子女的态度与父亲一样，私事方面无所求。朝廷特赠范仲淹兵部尚书，谥文正，停止上朝一天以表哀悼。范仲淹将自己的钱财都捐赠了慈善事业，日常生活异常节俭，下葬时居然没有新衣，由友人集资为他举办了丧礼。这一年十二月初一，归葬于河南尹樊里万安山下的家族陵园。下葬后，仁宗亲自书写墓碑"褒贤之碑"。而后，由富弼撰写《墓志铭》，由欧阳修撰写《神道碑铭》。富弼极力称赞说："人获一善，已谓其难；公实百之，如无有然!"作祭文的有：富弼、欧阳修、王安石、司马光等，后世祭文也络绎不绝。邠州、庆州等西北边郡率先为范仲淹立祠，以后范仲淹任职过的许多州郡都修建了祠堂。徽宗宣和年间，朝廷特别下诏令，要求建有范仲淹祠所在地的监司、郡守、学官每年要按时祭祀范仲淹。钦宗时追封范仲淹为楚国公，后再追封魏国公。历代各地官府，多次重修所在地的范文正公祠堂，表达了后人对范仲淹永远的景仰和怀念。

俭以养德，乐善好施

范仲淹一生为人性情刚直，凛然正气，乍看非常严肃认真，外表给人强势之感，但实质却是一名内心热情、极具人情味的人。他一生遵行"修身、齐家、治国、平天下"理念，虽然政坛几度风雨几度春秋，但其谦和向善、勤廉乐施的为人原则始终伴随他的一生。母亲还在世的时候，由于收入不高，生活相当节俭。后来虽然身居高位，俸禄丰厚，但他依然保持一贯的俭朴生活，有人形容他一生当中从没有体验过像他那样高官应得到的享受和待遇，足见其清廉之极。我们从影视媒体中经常看到，在古代，达官显贵位居高职之流，他们的生活是何等安逸享乐，范仲淹从其官职上应该算是此类，但从史书上却查不到任何他及家人子女挥霍浪费、贪图享乐之据，所记载的全是其节俭质朴、乐善好施、以德报恩的文献资料。

让我们看看他节俭向善、以德报恩的一些事。

范仲淹治国有方，治家亦有道。他言传身教，时刻提醒自己的子女，要勤俭持家，乐善好施，清贫一生，这也是他一生坚持的为人操守。他时常将自己的勤俭经历讲给自己的孩子，讲他少年醴泉寺求学断齑画粥的经历，讲他在南京应天府书院就读期间拒绝同学送饭菜的故事，以及后来即使"居庙堂之高"之际，都保持着艰苦朴素的生活作风，讲自己的母亲如何节俭持家，供养自己求学苦读，自己又是如何和母亲相依为命，渡过难关的经历，教育子女从小养成勤俭自强的性格。

史书记载，家里除非有宾客来访，否则范仲淹吃饭不以肉食为主菜，他自己和妻儿的衣食仅能维持温饱。应该说他的家风就是这样并且一直影响传承到后代子女。范仲淹训子节俭办婚事的故事，已经传为佳话。

据说范仲淹的次子范纯仁准备结婚，他觉得结婚是人生大事，父亲又是官居要职，于是就想要把婚事办得体面一些。正好他的大哥纯佑要进京办事，他便列了一张长长的购物清单，让长兄在京城帮助采购。纯佑将弟弟托他购物之事禀告了父亲，本来他以为父亲看到这张单子，会认为弟弟已经能够自己谋划自己的生活，父亲会很开心很快乐，没想到范仲淹看了购物清单后大为不悦，叹道："我家历来清廉俭朴，岂能纵容后代如此奢侈！"于是提笔在购物清单上写道："一人站着一人卧，两个小人地上坐；家中还有两口人，退回娇儿细琢磨。"原来，范仲淹的四句话是个字谜，谜底是个"俭"字（原繁体字"儉"）。结果纯佑只好将单子退给弟弟。

范纯仁接过清单仔细琢磨，他深知家父的意思，顿觉羞愧不已，于是改变了原来的主意，后来家里还是非常节俭地操办了纯仁的婚事。纯仁未过门的妻子王氏从家里带来罗绮做床帐，范仲淹看到后非常气愤：做帐子怎能用这么贵重的材料？我家一向清俭，决不能任其败坏家风。

如果她敢带这样东西过门，我就当众把它烧掉！无奈王氏只得悄悄撤下不再使用。在范仲淹身体力行的影响下，范仲淹的儿子们个个都有父亲的风范，次子范纯仁最为出色。

范纯仁一生廉俭，自布衣至宰相，始终如一，所得俸给，都用以扩展范氏义庄。《宋史本传》说他常训勉亲人子弟说："唯俭可以助廉，唯恕可以成德。"可见范纯仁也跟范仲淹一样，是一位品德崇高、律己甚严的人。

范仲淹一生乐善好施，他的薪俸大部分都用于接济有困难的人，而对自己及家人花费甚少。世称"泰山先生"的学者孙复就是在范仲淹的资助下发奋苦读，终成一代名家。

皇祐元年（1049），范仲淹被贬到浙江任职，期间一名小吏孙居中死在任上，孙居中家贫子幼，其家属经济拮据，知道此情后范仲淹便赠钱数百缗（缗，成串的钱，一千文为一缗），雇了一条船，把孙居中的灵柩和一家老小送归家乡。他还不放心，专门派一位老衙役护送。为避免途中关卡阻拦，范仲淹交给老衙役一首诗，并嘱咐道：如果过关过卡有阻，把这个拿出来就行了。诗云："十口相携泛巨川，来时暖热去凄然。关津若要知名姓，此是孤儿寡妇船。"可见范仲淹何等爱心，何等心细。

范仲淹为参知政事时，曾命次子范纯仁将俸禄五百斛麦子，用船运送回苏州老家。船过丹阳，纯仁上岸拜见父亲的老友石延年，得知石家父母亡故，无钱办理丧事，已经困居丹阳二月余。范纯仁一看这个情况，马上就把五百斛的麦子都卖掉，把卖麦子所得的钱都给了石延年。石延年收了钱后，仍然面露难色地说："您的好意我领了，但这些钱还不能解决全部问题啊！"范纯仁索性就把他坐的那条船也卖掉，把卖船所得的钱又悉数给了石延年。范纯仁回京后把整个过程向范仲淹汇报，当说到五百斛的麦子都卖掉钱还是不够时，范仲淹急着问："为什么不把船也卖掉？"纯仁赶忙回复父亲船也被卖掉了，所得钱款全都给石延年了。范仲淹听了之后很高兴，连连称赞儿子做得对。清朝乾隆帝南巡，三次到过天平山范仲淹故居，并敕建"高义园"褒扬此事。

 # 范氏义庄，惠及后人

义庄是古代的一项慈善举措，指捐赠者购买相当数量的田地，所收取的田租用于慈善事业。义庄往往在家族内部创设，在家族范围内进行慈善救助。义庄的开创者是范仲淹。范仲淹不仅在军政方面都做出过杰出贡献，而且，他还是一位热心公益事业的慈善家。

在杭州做官期间，范仲淹一直想为故乡的范氏宗亲做点事，过去远离故乡，政务又繁忙，经济条件也不允许，这桩心愿一直没有能够成行。现在自己已经年迈体衰，家族内部条件还允许自己干些义事，到考虑了却多年心愿的时候了。于是他抽空回到故乡苏州，看望了族中贫苦的亲戚，了解了他们的生活情况，准备倾尽一生积蓄，在故乡办一个义庄，以完成凤愿。范仲淹就把他的想法和他的兄长范仲温商量，并将此事委托给范仲温办理。他在苏州购买好田一千亩作为"义田"，并在灵芝芳祖宅附近修建了一组房屋为"义宅"，亲自为其命名为"岁寒堂""松风阁"，于是历史上第一个多功能的私人慈善机构就在范仲淹的积极倡导和实施下兴办起来，史称范氏义庄。

范氏义庄的规划包含"义田""义宅""义学"三部分。义庄所筹之物主要以义田所出的米粮作为救济物资的主要来源，包括食物粮食、衣帛布匹、钱款财物等。义庄的宗旨是乡里邻居、外姓姻亲、本家亲戚，如果因遭遇疾病、灾祸，或者遇到天灾之年等令生计陷入困顿，没有饭吃，没有住房，求学困难等情况，经族中议事机构共同调查核实之后，就可以根据实际情况得到救助。实际上，范氏义庄的济贫扶困的范围已远远超出范氏宗族。范仲淹去世后，他的子孙后代继承了他的意愿，一直按照他当年的规划在做扶贫济困的工作。岁月轮回，朝野换代，范氏义庄却代代相续没有间断。范仲淹活了64岁，范氏义庄却办了900年。

范仲淹的母亲安葬在洛阳，范仲淹及其四位儿子最后也安葬在洛阳。但我们要知道，范仲淹还没有显达的时候，苏州宗族对范仲淹并不善良，因害怕范仲淹分家产而阻挠他归宗。范仲淹以德报怨，晚年对苏州宗族竟然有如此大笔的慈善捐献。范仲淹《告诸子书》说："吾吴中宗族甚众，于吾固有亲疏，然吾祖宗视之，则均是子孙，固无亲疏也。苟祖宗之意无亲疏，则饥寒者吾安得不恤也？自祖宗来，积德百余年，而始发于吾，得至大官。若独享富贵而不恤宗族，异日何以见祖宗于地下，今何颜入家庙乎？"胸襟博大，卓然于众人之上。范仲淹皇祐二年（1050）十月订立的义庄规矩如下：

逐房计口给米，每口一升，并支白米。如支糙米，即临时加折。

男女五岁以上入数。

女使有儿女在家及十五年、年五十以上，听给米。

冬衣每口一匹，十岁以下、五岁以上各半匹。

每房许给奴婢米一口，即不支衣。

有吉凶增减口数，画时上簿。

逐房各置请米历子一道，每月末于掌管人处批请，不得预先隔跨月分支请。掌管人亦置簿拘辖，簿头录诸房口数为额。掌管人自行破用或探支与人，许诸房觉察，勒赔填。

嫁女支钱30贯，再嫁20贯。娶妇支钱20贯，再娶不支。

子弟出官人没还家待阙、守选、丁忧，或任川、广、福建官留家乡里者，并依诸房例给米、绢并吉凶钱数。虽近官，实有故留家者，亦依此例支给。

诸房丧葬：尊长有丧，先支一十贯，至丧葬事又支一十五贯；次长五贯，丧葬事支十贯；卑幼十九岁以下丧葬通支七贯，十五岁以下支三贯，十岁以下支二贯，七岁以下及婢仆皆不支。

乡里、外姻亲戚，如贫窘中非次急难。或遇年饥不能度日。诸房同共相度诣实，即于义田米内量行济助。

所管逐年米斛，自皇祐二年十月支给逐月候粮并冬衣绢。约自皇祐三年以后，每一年丰熟，椿留二年之粮。若遇凶荒，除给候粮外，一切不支。或二年粮外有余，却先支丧葬，次及嫁娶。如更有余，方支冬衣。或所余不多，即凶吉等事众议分数均匀支给。或又不给，即先凶后吉；或凶事同时，即先尊口后卑口；如尊卑又同。即以所亡所葬先后支给。如支上件候粮吉凶事外。更有馀羡数目，不得粜货，椿充三年以上粮储。或虑陈损，即至秋成日方得粜货，回换新米储管。

义庄规矩制定比较详尽，从米、绢、钱发放的对象、数量、方式、管理、监督等事项，都有具体可操作的规定，可见范仲淹于设立义庄、资助族人一事已经深思熟虑。既然是在皇祐二年（1050）十月义庄开始发放粮食、钱财，义庄的购置就应该是在更早的时候。这么多田产也应该是一个陆续购置的过程。

据范仲淹儿子范纯仁治平元年（1064）给朝廷上的奏章中提及，义庄购置设立已经有"五七年"时间。据此推算，范仲淹是庆历末年在邓州期间开始购置义庄田产的。

皇祐二年（1050）十月，义庄已经有相当规模和产出，范仲淹亲回苏州，与其退休闲居苏州的二兄范仲温商议，订立规矩并安排义庄各

第七章

万古流芳

项事宜。规矩中有几方面值得注意：义庄主要是周济宗族的，顾及乡亲和姻亲；宗族发放对象不论贫富：粮食、布匹、奴婢口粮、红白喜事、其他急难事宜，周济范围非常宽泛；周济对象特别照顾无经济收入的妇女，对再婚妇女并无歧视：义庄制定了相关的管理、监督规矩。

更加难能可贵的是，范仲淹的几位儿子都能遵从父训，承继乃父志愿，光大乃父事业。在义庄慈善事业方面．他们也是不断地投入钱财和精力，不断完善义庄规矩。范仲淹长子范纯祐去世较早，没有参与义庄扩张、完善事务，其余三子范纯仁、范纯礼、范纯粹都积极参与义庄事务。尤其是次子范纯仁，曾两度出任宰相，在政坛上有显赫政绩。《宋史》本传记载：范纯仁"自为布衣至宰相，廉俭如一，所得奉赐，皆以广义庄"。范纯仁官职超过父亲，所得俸禄也应该更多，对义庄的投入同样更多。在范仲淹诸子中，范纯仁用于义庄的精力和钱财是最多的，对义庄规矩的完善也贡献最大。

英宗治平元年（1064），范纯仁特意为义庄事务给朝廷上奏章，说义庄虽然订立了规矩，"今诸房子弟有不遵规矩之人，州县既无条敕，本家难为申理，五七年间，渐至废坏，遂使饥寒无依。伏望朝廷特降指挥下苏州，应系诸房子弟有违犯规矩之人，许令官司受理"。朝廷同意范纯仁的请求，特地为此下达旨令。这当然也是英宗皇帝和宰辅大臣崇敬、钦佩范仲淹作为的一个结果。范纯仁这次特意将父亲所定的义庄规矩刻石，立于天平山白云寺范仲淹祠堂之侧，要求"子子孙孙遵承勿替"。

此外，范仲淹还在他的第二故乡淄州长山购置义田四百余亩．以报答朱氏家族的养育之恩。

而后，范氏后裔多有热心义庄事务、事业的人。南宋宁宗庆元、嘉定年间，范仲淹五世后裔范之柔与兄弟范良器等重新整顿义庄，极力经营，恢复了义庄原来的规模。范之柔且将过程与规矩禀明朝廷，皇帝再次为此下旨颁布施行。范氏后裔对义庄也多有捐献，如明末范允临捐助

田地一百亩，清初范瑶捐助田地一千亩等。历代当地官府也多有积极参与义庄之重整者，监督义庄规矩的贯彻实施。历代朝廷也都特别下诏，免除范氏义庄所应承担的差役和部分赋税。这一切都是范仲淹巨大的人格、道德魅力感染所致。一直到清末宣统年间，义庄仍然有田产5300亩，运作良好。

范仲淹不仅开创了义庄慈善事业，其所开创的义庄生命力之强，前后运作九百年，"前无古人，后无来者"，亦是中华民族慈善事业的一大奇观。

从范仲淹以后，许多朝廷高官显贵效仿学习，在家乡设立义庄。如神宗时副宰相吴奎、徽宗时宰相何执中等。不过，以后的义庄大致是针对宗族中的贫困者，而不是贫富不拘。

宋代达官俸禄丰厚，生活奢侈成风。欧阳修《归田录》记载："寇准尝知邓州，而自少年富贵，不点油灯，尤好夜宴剧饮，虽寝室亦燃烛达旦。每罢官去后，人至官舍，见厕溷间烛泪在地，往往成堆。"叶梦得《避暑录话》记载："晏殊未尝一日不宴饮，盘馔皆不预办，客至旋营之。苏丞相颂曾在公幕，见每有佳客必留，但人设一空案一杯。既命酒，果实蔬茹渐至，亦必以歌乐相佐，谈笑杂至。数行之后，案上已粲然矣。稍阑即罢，遣声伎曰：'汝曹呈艺已毕，吾亦欲呈艺。'乃具笔札，相与赋诗，率以为常。"寇准、晏殊在当时还有"简约"的名声，尚且如此奢侈，其他达官权贵生活可想而知。

与他们相比，范仲淹的生活才是真正的清简俭朴。据说，范仲淹晚年有一习惯：入睡前在心里核算家中一日的饮食等费用，家庭费用与所做的事情相称，才能安心入眠。奉己甚严，如此，可以理解范仲淹大量购置义庄的钱财从何而来。由此，范仲淹开启了宋代慈善事业的一个新时代。

自春秋战国之后，还没有哪一个英雄豪杰所开创的事业，能够连续超过三百年而不间断。英雄豪杰与圣贤之间的根本区别在于，英雄豪杰以武力服人，而圣贤以德服人。纵观人类历史，只有圣贤的事业才是真正的千秋大业。

光明磊落

范仲淹第二、第三次被贬京城，皆因为阎文应、吕夷简的缘故，庆历新政夭折的原因之一也是因为以吕夷简、夏竦为代表的保守派从中作梗制造阻力的结果。所以吕夷简和范仲淹之间的恩怨伴随着范仲淹从政的多半生涯。但是范仲淹是一个以事业为重之人，对待个人恩怨从不记在心上。

当年范仲淹临危受命知永兴军，带兵边关戍守之际，吕夷简再次被仁宗皇帝任为宰相。其实皇上也担心范仲淹和吕夷简之间的矛盾是否会影响大事，毕竟一个掌管全国政事，一个担任军中要职，他俩要是再起恩怨，那可就真是内忧外患。没想到吕夷简早就看出皇帝的担忧，主动请求圣上提升范仲淹的职位，让其更充分行使兵权，以尽快结束边关战事。范仲淹入朝领旨时，也向仁宗表示，自己一向光明磊落，不是那种奸佞小人，一定会以国家利益为重，不计个人恩怨，定当胸怀坦荡，赤胆忠诚。以前和宰相之间也都是因为国事所致，请圣上放心，并当着圣上之面，向丞相吕夷简当面谢罪。这可让仁宗吃了颗定心丸。其后范仲淹担任陕西经略招讨安抚副使之职，采取积极防御战略，最终取得边关战事的平稳解决。后来范仲淹专门给吕夷简写了一封长信，表述了自己忧国忧君忧民的情怀，自己入仕以来，竭心尽力，大公无私，心胸坦荡，赤胆忠诚，和宰相的矛盾也是出于对国家的关心和事业的考虑，绝无半点私心，希望和宰相大人冰释前嫌，齐心协力为国做出贡献。范仲淹与吕夷简化干戈于玉帛，体现了他大义于天下，以德报怨，展示了宽广的胸襟和君子之态。

范仲淹起于"寒儒之家，世守廉素"，"乐天守道，以道自乐"。小官大官，大官小官一生做官近四十载，做人一世，至死没有属于自己的一间房子，没有为子女留下一份遗产，留下的是勤俭质朴、乐善好施，以德报恩，代代相传。欧阳修这样评价范仲淹："其于富贵贫贱，毁誉欢戚。不一动其心，而慨然有志于天下！"

文坛泰斗

范仲淹不仅是北宋年间的杰出的政治家、思想家和军事家，同时他也是中国历史上非常著名的文学家。我们前面更多的讲述了范仲淹的政事和家事，其实他在文学方面的建树丝毫不逊色于政治生涯。范仲淹一生遍及祖国南北，阅历丰富，为其创作提供了翔实的素材与灵感。他在诗、词、文、赋各方面都堪称当代文豪巨匠。

明代周孔教为万历本《范文正公集》作序，推崇范仲淹"为一代斯文之主盟"，足见其文学成就之伟大。由于范仲淹的政治地位和他的道德威望，所以他的作品更有机会流传于世，被后人广为传颂。据资料统计，范仲淹共存有诗歌300余首、文赋300余篇，词作5首。我们选几个代表作品分享一下。

诗言志。范仲淹的诗歌大多反映不同时期他从政的生活感悟，更多

的是展现他的政治理想、政治抱负，但从中我们很容易感悟到他的审美情趣和博大胸襟。例如《郡斋即事》：

> 三出专城鬓似丝，斋中潇洒胜禅师。
> 近疏歌酒缘多病，不负云山赖有诗。
> 半雨黄花秋赏健，一江明月夜归迟。
> 世间荣辱何须道，塞上衰翁也自知。

这是范仲淹被贬饶州之时写的一首诗。他将览物之情和自己官宦之旅都寄于诗中，自己三进三出京师，精神备受折磨，但君子气节不变，平和应对，毕生忠君报国，荣辱挫折更奈我何！

更有脍炙人口的《江上渔者》：

> 江上往来人，但爱鲈鱼美。
> 君看一叶舟，出没风波里。

含蓄优雅的四句诗，观察细致，笔触精炼，展现了一幅渔民劳作的生动场景，表现了作者尊重劳动人民，关注民生，先忧后乐的博大胸怀。

范仲淹文赋作品众多，恐300不止，多为政论、奏疏、书信、墓志等，主要表明他本人的政治信仰和政治决心，不乏《奏上时务书》《种君墓志铭》等长篇大作；亦有真挚情感交流的兄弟有友人之间的书信往来，代表作当属《岳阳楼记》。

文章是思想的载体，是艺术的表现。范仲淹融记事、写景、抒情和议论交融在一篇文章中，记事简明，写景铺张，抒情真切，议论精辟。它以传统的文字，表达一种跨越时空的思想，上下千年，唯此一文。它所体现出来的语言美、图画美、结构美，汇成了一幅美丽的画卷，读后使人如饮甘醇，回味无穷。岳阳楼也因这篇绝妙之赋，而成为人们向往的一个胜地；《岳阳楼记》也像洞庭的山水那样，永远给人以美好的记忆。

附录一

范仲淹诗文选

睢阳学舍书怀

白云无赖帝乡遥，汉苑谁人奏洞箫。

多难未应歌凤鸟，薄才犹可赋鹪鹩。

瓢思颜子心还乐，琴与钟君恨即销。

但使斯文天未丧，涧松何必怨山苗。

赏析：

　　这首诗是青年范仲淹就读于睢阳学舍时所作，表达了自己在贫困中仍积极进取的志向。诗中典故很多。"歌凤鸟"是指春秋时楚国隐士接舆所唱的《凤鸟歌》："凤兮凤兮，何德之衰？往者不可谏，来者犹可追！已而！已而！今之从政者殆而！"意思是及时退隐。这就是"接舆歌凤"典故的由来。"赋鹪鹩"是指西晋张华所作《鹪鹩赋》，表达不得志的情绪。"瓢思颜子"指颜回"一箪食，一瓢饮，居陋巷，人不堪其忧，回也不改其乐"。"琴与钟君"句，指俞伯牙与钟子期的故事，为人们熟知。"涧松"句，典出西晋左思的《咏史》诗："郁郁涧底松，离离山上苗，以彼径寸茎，荫此百尺条。"意思是生长在山涧之中的高大松树，还不如山顶的小苗位置高呢！暗讽无能之辈和世家大族占据高位，真正的人才却遭到埋没。

渔家傲·秋思

　　塞下秋来风景异，衡阳雁去无留意。四面边声连角起。千嶂里，长烟落日孤城闭。

　　浊酒一杯家万里，燕然未勒归无计，羌管悠悠霜满地。人不寐，将军白发征夫泪。

赏析：

宋康定元年（1040）至庆历三年（1043），范仲淹任陕西经略副使兼延州知州。在他镇守西北边疆期间，既号令严明又爱抚士兵，并招徕诸将推心接纳，深为西夏所惮服，称他"腹中有数万甲兵"。这首题为"秋思"的《渔家傲》就是他身处军中的感怀之作。

此词开篇"塞下秋来风景异，衡阳雁去无留意"一句极力渲染边塞秋季风景的独异，上片写景，描写的自然是塞下的秋景。"四面边声连角起，千嶂里，长烟落日孤城闭。"从视觉听觉等方面表现了边塞地区的萧条寂寥。作者用近乎白描的手法，描摹出一幅寥廓荒僻、萧瑟悲凉的边塞鸟瞰图。边塞，虽然经过了历史长河的淘洗，但在古诗人的笔触下，却依然留着相同的印迹。

下片起句"浊酒一杯家万里"，是词人的自抒怀抱。他身负重任，防守危城，天长日久，难免起乡关之思。这"一杯"与"万里"数字之间形成了悬殊的对比，也就是说，一杯浊酒，销不了浓重的乡愁，造语雄浑有力。乡愁皆因"燕然未勒归无计"而产生。"羌管悠悠霜满地"，写夜景，在时间上是"长烟落日"的延续。羌管，即羌笛，是出自古代西部羌族的一种乐器，发的是凄切之声，深夜里传来了抑扬的羌笛声，大地上铺满了秋霜，耳闻目睹尽皆给人以凄清、悲凉之感。"人不寐"，补叙上句，表明自己彻夜未眠，徘徊于庭。"将军白发征夫泪"，由自己而及征夫总收全词。总之下片抒情，将直抒胸臆和借景抒情相结合，抒发的是作者壮志难酬的感慨和忧国的情怀。

这首边塞词既表现将军的英雄气概及征夫的艰苦生活，也暗寓对宋王朝重内轻外政策的不满，爱国激情、浓重乡思，兼而有之，构成了将军与征夫复杂而又矛盾的情绪。这种情绪主要是通过全词景物的描写，气氛的渲染，婉曲地传达出来。纵观全词，意境开阔苍凉，形象生动鲜

范仲淹诗文选

明，反映出作者耳闻目睹、亲身经历的场景，表达了作者自己和戍边将士们的内心感情，读起来真切感人。

苏幕遮·怀旧

碧云天，黄叶地，秋色连波，波上寒烟翠。山映斜阳天接水，芳草无情，更在斜阳外。

黯乡魂，追旅思，夜夜除非，好梦留人睡。明月楼高休独倚，酒入愁肠，化作相思泪。

赏析：

此词抒写乡思旅愁，以铁石心肠人作黯然销魂语，尤见深挚。

"碧云天，黄叶地"两句，一高一低、一俯一仰，展现了广阔的苍莽秋景，为元代王实甫《西厢记》"长亭送别"一折所本。

"秋色连波"二句，落笔于高天厚地之间的浓郁的秋色和绵邈秋波：秋色与秋波相连于天边，而依偎着秋波的则是空翠而略带寒意的秋烟。这里，碧云、黄叶、绿波、翠烟，构成一幅色彩斑斓的画面。

"山映斜阳"句复将青山摄入画面，并使天、地、山、水融为一体，交相辉映。同时，"斜阳"又点出所状者乃是薄暮时分的秋景。

"芳草无情"二句，由眼中实景转为意中虚景，而离情别绪则隐寓其中。"芳草"历来也是别离主题赖以生发的意象之一，如传为蔡邕所作的《饮马长城窟行》："青青河畔草，绵绵思远道"；李煜的《清平乐》："离恨恰如草，更行更远还生"。埋怨"芳草"无情，正见出作者多情、重情。

下片"黯乡魂"二句，径直托出作者心头萦绕不去、纠缠不已的怀乡之情和羁旅之思。

"夜夜除非"二句是说只有在美好梦境中才能暂时泯却乡愁。"除

非"说明舍此别无可能。但天涯孤旅,"好梦"难得,乡愁也就暂时无计可消了。"明月楼高"句顺承上文:夜间为乡愁所扰而好梦难成,便想登楼远眺,以遣愁怀;但明月团团,反使他倍感孤独与怅惘,于是发出"休独倚"之叹。

歇拍二句,写作者试图借饮酒来消释胸中块垒,但这一遣愁的努力也归于失败:"酒入愁肠,化作相思泪"。全词低回婉转,而又不失沉雄清刚之气,是真情流溢、大笔振迅之作。

御街行·秋日怀旧

纷纷坠叶飘香砌,夜寂静,寒声碎。真珠帘卷玉楼空,天淡银河垂地。年年今夜,月华如练,长是人千里。

愁肠已断无由醉,酒未到,先成泪。残灯明灭枕头敧,谙尽孤眠滋味。都来此事,眉间心上,无计相回避。

赏析:

这是一首写秋夜离人相思的词,其间洋溢着一片柔情。上片描绘秋夜寒寂的景象,下片抒写孤眠愁思的情怀,由景入情,情景交融。李清照的"此情无计可消除,才下眉头,却上心头。"(《一剪梅》)即从这里脱胎。

剔银灯·与欧阳公席上分题

昨夜因看蜀志,笑曹操、孙权、刘备,用尽机关,徒劳心力,只得三分天地。屈指细寻思,争如共、刘伶一醉。

人世都无百岁。少痴呆、老成尫悴。只有中间,些子少年,忍把浮名牵系。一品与千金,问白发、如何回避。

赏析：

范仲淹的这首词写的是对历史的评价、对人生的看法，是为词之别调。然而，作者尚未完全摆脱词为"小道""末技"的世俗之见的影响，这就决定了本篇的风格必然是戏谑的。

上片大意是，昨天夜里读《三国志》，不禁笑话起曹操、孙权、刘备来。他们用尽权谋机巧，不过是枉费心力，只闹了个天下鼎足三分的局面。与其像这样瞎折腾，还不如什么也别干，索性和刘伶一块儿喝他个醺醺大醉呢。下片则化用了白居易《狂歌词》的诗意，人生一世，总没有活到一百岁的。小的时候不懂事，老了又衰弱不堪。只有中间一点点青年时代最可宝贵，怎忍心用来追求功名利禄呢！就算做到了一品大官、百万富翁，难辞白发老年将至的命运！全篇纯用口语写成，笔调很诙谐，似乎是赤裸裸宣扬消极无为的历史观、及时行乐的人生观和一派颓废情绪。实际上它是词人因政治改革徒劳无功而极度苦闷之心境的一个雪泥鸿爪式的记录。胸中块垒难去，故须用酒浇之。愤激之际，酒酣耳热，对老友发牢骚、说醉话，颇有雪芹"满纸荒唐言，一把辛酸泪"的难言况味。

定风波·自前二府镇穰下营百花洲亲制

罗绮满城春欲暮，百花洲上寻芳去，浦映□花花映浦。无尽处，恍然身入桃源路。

莫怪山翁聊逸豫，功名得丧归时数，莺解新声蝶解舞。天赋与，争教我辈无欢绪。

赏析：

这首词作于庆历六年（1046），当时庆历新政失败，范仲淹被贬知邓州。

百花洲位于邓州古城东南隅，碧水泱泱，繁花似锦，竹木苍翠，百鸟争喧，是迁客骚人游览的胜地。范仲淹知邓后，在前人营建的基础上，重整了百花洲、览秀亭，新建了春风阁、文昌阁和花洲书院。范仲淹在知邓期间所写的诸多诗词作品中，多次赞颂百花洲。

这首词是写他与游人去百花洲赏花的情景，表达了范仲淹与民同乐的喜悦之情。上阕写景叙事。"罗绮满城春欲暮"这个倒装句是说，暮春时节城内的大街小巷，到处都是身穿节日盛装的游春人群。

紧接着叙述游人的行踪。这时候的游人干什么去了呢？"百花洲上寻芳去"。百花洲是邓州城的游览胜地，那些满城游春的人们自然要去那里游览，所以诗人就要去百花洲上赏花，这自然是与民同乐，从而也告知人们范仲淹营建百花洲，就是为了给当地百姓开辟一个游玩的好地方。

百花洲名副其实，这里最诱人的景色便是看不尽的"浦映□花花映浦"，诗人置身于此情此景中，有何具体感想呢？他的回答是"恍然身入桃源路"。范仲淹一生四次遭贬，尤其是经历了庆历新政失败的打击之后，深感"卑飞尘土味诚薄，达宦风波忧更深"，而来到邓州这个距京城偏远之地当地方长官，"政事绝简"，悠闲自得，顿觉轻松，又身入百花洲这么个景色幽静之地，如同生活在世外桃源一般，这种感慨的产生既是触景生情，更是思想深处感情的流露，并为下阕的抒怀做好了过渡。

下阕即景抒怀。"莫怪山翁聊逸豫，功名得丧归时数"。莫怪，即不要埋怨、责怪；逸豫，享受安乐之意；时数，指当时的运气，亦即当时的客观条件和机遇。这两句的意思是说，请诸位不要责怪我甘愿享受清闲。我以为，功名的得来与丧失，都是与当时的客观条件密切相关的，我如今来知邓州，也不算是大不了的事，在朝任参知政事，在边关任帅，与来邓州任知州，都是形势需要，升也好，降也罢，在我来说都是无所谓的，可谓"宠辱不惊"。

范仲淹此说，事出有因，当时不少朋友和知交为范仲淹遭贬知邓州气愤不过，为之鸣不平，这些不平与愤慨常常流露在给范公的书信与诗词中。范仲淹借回信或酬唱作答复，或正面解说或寓理于事，表明自己的看法："出处曾无致主功，南阳为守地犹雄。醉醒往日惭渔父，得失今朝贺塞翁"，不仅毫无怨言，还产生了提前退隐的打算："附郭田园能置否，与君乘健早归休。"

为了进一步表达自己此时的平静心态，他还用眼前莺歌蝶舞的自然景观作阐释："莺解新声蝶解舞，天赋与。"意思是说，我此时的平和心态好比鸟儿在这大好春光里婉转歌喉，蝴蝶在这百花丛中翩翩起舞一般，都是非常自然的，一点也不奇怪。

所以，最后作结道："争教我辈无欢绪。"大自然中的鸟蝶啊尚且如此，那么像我们这些感情丰富又明事理之人，怎么会在这样的环境中没有欢乐的情绪呢？

诗人的胸怀是多么宽广，境界是多么高迈啊！

严先生祠堂记

先生，汉光武之故人也。相尚以道。及帝握《赤符》，乘六龙，得圣人之时，臣妾亿兆，天下孰加焉？惟先生以节高之。既而动星象，归江湖，得圣人之清。泥涂轩冕，天下孰加焉？惟光武以礼下之。

在《蛊》之上九，众方有为，而独"不事王侯，高尚其事"，先生以之。在《屯》之初九，阳德方亨，而能"以贵下贱，大得民也"，光武以之。盖先生之心，出乎日月之上；光武之量，包乎天地之外。微先生，不能成光武之大，微光武，岂能遂先生之高哉？而使贪夫廉，懦夫立，是大有功于名教也。

范仲淹来守是邦，始构堂而奠焉，乃复为其后者四家，以奉祠事。又从而歌曰："云山苍苍，江水泱泱，先生之风，山高水长！"

赏析：

宋仁宗景佑元年（1034）正月，46岁的范仲淹贬知睦州（治今浙江富阳、桐庐一带）。建造严光祠堂。严光，字子陵，东汉初年名士。光武帝十分钦佩严子陵的人品才学，要他担任谏议大夫，这是一个很高的职位，但他还是不肯接受。后来干脆不辞而别，回到家乡余姚隐居。

光武帝又派使者到了余姚请严子陵进京做官。他听到消息，赶紧躲避起来，使者只得快快而返。为了避免朝廷再找麻烦，他索性带着家人，迁居桐庐富春江边种田、钓鱼。他钓鱼的地方后人称之为"子陵滩"。"严子陵钓台"至今遗迹犹在。严子陵回到余姚直至终老，享年80，死后葬于余姚陈山。

严子陵视富贵如浮云的气节，千百年来一直受到人们的敬仰。范仲淹仰慕严子陵高节，特意为他造了祠堂，并写了一篇传颂千古的《严先生祠堂记》，赞他"云山苍苍，江水泱泱，先生之风，山高水长"。

岳阳楼记

庆历四年春，滕子京谪守巴陵郡。越明年，政通人和，百废具兴。乃重修岳阳楼，增其旧制，刻唐贤今人诗赋于其上。属予作文以记之。

予观夫巴陵胜状，在洞庭一湖。衔远山，吞长江，浩浩汤汤，横无际涯；朝晖夕阴，气象万千。此则岳阳楼之大观也。前人之述备矣。然则北通巫峡，南极潇湘，迁客骚人，多会于此，览物之情，得无异乎？

若夫霪雨霏霏，连月不开，阴风怒号，浊浪排空；日星隐耀，山岳潜形；商旅不行，樯倾楫摧；薄暮冥冥，虎啸猿啼。登斯楼也，则有去国怀乡，忧谗畏讥，满目萧然，感极而悲者矣。

至若春和景明，波澜不惊，上下天光，一碧万顷；沙鸥翔集，锦鳞游泳；岸芷汀兰，郁郁青青。而或长烟一空，皓月千里，浮光跃金，静影沉璧，渔歌互答，此乐何极！登斯楼也，则有心旷神怡，宠辱偕忘，把酒临风，其喜洋洋者矣。

嗟夫！予尝求古仁人之心，或异二者之为，何哉？不以物喜，不以己悲；居庙堂之高则忧其民；处江湖之远则忧其君。是进亦忧，退亦忧。然则何时而乐耶？其必曰"先天下之忧而忧，后天下之乐而乐"乎。噫！微斯人，吾谁与归？

时六年九月十五日。

赏析：

庆历新政失败后，范仲淹贬居邓州，此时他身体很不好。昔日好友滕子京从岳阳来信，要他为重新修竣的岳阳楼作记，并附上《洞庭晚秋图》。范仲淹一口答应，但是范仲淹其实没有去过岳阳楼。

庆历六年（1046），他就在邓州的花洲书院里挥毫撰写了著名的《岳阳楼记》一文，这都是看图写的。表现作者虽身居江湖，心忧国事，虽遭迫害，仍不放弃理想的顽强意志，同时，也是对被贬老友的鼓励和安慰。范仲淹是北宋诗文革新运动的先驱。他意识到宋初数十年来文章柔靡、风俗巧伪的危害，强调继承历史上进步的文学传统，并推荐当代能坚持风雅比兴传统的好作品，自己的诗文也代表着文学创作中的进步方向。他的论说文旨在阐明民为邦本的重要性，议论风发，具有夺人的气势。《岳阳楼记》是其传颂千古的名作。文章提出正直的士大夫应立身行一的准则，认为个人的荣辱升迁置之度外，"不以物喜，不以己悲"，要"先天下之忧而忧，后天下之乐而乐"。全文记叙、写景、抒情、议论融为一体，动静相生，明暗相衬，文词简约，音节和谐，用排偶章法作景物对比，成为不朽的散文精品。其"先忧后乐"精神已成为一座不朽的丰碑，树立在海内外炎黄子孙的心目中。

邠州建学记

国家之患，莫大于乏人。人曷尝而乏哉？天地灵粹，赋予万物，非昔醇而今漓。吾观物有秀于类者，曾不减于古，岂人之秀而贤者独下于古欤？诚教有所未格，器有所未就而然也！庠序可不兴乎？庠序者，俊乂所由出焉。三王有天下各数百年，并用此道以长养人才。材不乏而天下治，天下治而王室安，斯明著之效矣。

庆历甲申岁，予参贰国政，亲奉圣谟，诏天下建郡县之学，俾岁贡群士，一由此出。明年春，予得请为邠城守。署事之三日，谒夫子庙。通守太常王博士稷告予曰："奉诏建学，其材出于诸生备矣。今夫子庙隘甚，群士无所安。"因议改卜于府之东南隅。地为高明，遂以建学，并其庙迁焉。以兵马监押刘保、节度推官杨承用共掌其役事，博士朝夕视之。明年，厥功告毕。

增其庙度，重师礼也；广其学宫，优生员也。谈经于堂，藏书于库，长廊四回，室从而周，总一百四十楹。广厦高轩，处之显明。士人洋洋，其来如归。且曰："吾党居后稷、公刘之区，被二帝三王之风，其吾君之大赐，吾道之盛节欤！敢不拳拳服膺，以树其德业哉？"

余既改南阳郡，博士移书请为之记。予尝观《易》之大象，在《小畜》曰："君子以懿文德"。谓其道未通，则畜于文德，俟时而行矣。在《兑曰》："君子以朋友讲习"。谓相说之道，必利乎正，莫大于讲习也。诸生其能知吾君建学，圣人大《易》之旨，则庶几乎。故书之。

赏析：

此文是庆历六年范仲淹应邠州博士王稷之约，为邠州建学写的一篇记述性文章。作者在本篇中借记为论，表达了以天下为己任的政治胸襟。

全文共有四段。第一段阐明了建校兴学、培养人才的重要作用。从对封建王朝长治久安的高度，作者先是提出国家最大的忧患在于缺乏人才的论断，进而分析造成这一现状的原因是教育（教化）没有达到，自然而然的引出建学的重要作用。第二段简述自己邠州建学的时代背景和建学过程。先从"庆历新政"亲自参与州县建学起笔，简要记述了邠州建学的缘起、决策、实施过程中的几个关键人物，表达了作者兴学育才的政治理想。第三段记述改建一新的邠州庙学的规模布局及邠州士人的喜悦心情。第四段交代做记的缘起，并勉励读书人积蓄文德以利大道。

文章以人才引出兴学，以庆历兴学引出邠州建学，最后以作者改任南阳为邠州建学做记收笔，结构完整，行文严谨。首段设问反问句式承上启下，使问题分析环环相扣，逻辑严密、文脉通畅。第二、三两段记述事件仅300余字，简洁明快，刻画人物，惜墨如金，寥寥数语就突出王稷博士对建学一事的急切和邠州士人在新建学堂学习的莫大喜悦之情。

宋太宗端拱二年（989），1岁

八月丁丑（二十九日，公历10月1日），范仲淹生于武宁军（治所徐州）节度掌书记官舍（楼钥《范文正公年谱》）。另据方健先生考证，范仲淹生于河北真定府。

淳化元年（990），2岁

父范墉病卒于徐州，随母葬父于苏州天平山。

淳化二年（991），3岁

随母居苏州天平山。

淳化三年（992），4岁

母谢氏改适时在苏州为官的朱文翰。范仲淹遂改姓朱名说，至22岁。朱文翰先后在江苏苏州、湖南安乡、安徽青阳、山东淄洲等地为官，范仲淹随母待行，并在各地就学受教。安乡兴国观司马道士是其蒙师之一。安乡读书台、青阳读山、博山秋口、长白山醴泉寺俱传为范仲淹读书之地。

景德元年（1004），16岁

朱文翰任淄州长史。范仲淹侍父游学于淄州颜神镇（今淄博市博山区）秋口。立志不为良相便为良医。

同年，宋辽议和，定澶渊之盟。

景德二年（1005），17岁

游学于秋口、长山。

大中祥符元年（1008），20岁

出游鄠（治今陕西户县）郊，与王镐（？—1027）、道士周德宝、屈应元等啸傲于鄠、杜之间，一起登临终南山，抚琴论《易》。

大中祥符二年（1009），21岁

读书长白山醴泉寺，有"划粥断齑"典故，曾作《齑赋》。

大中祥符三年（1010），22岁

读书醴泉寺。有"窖金赠僧"传说。

大中祥符四年（1011），23岁

询知世家，感泣辞母往应天府书院求学。

大中祥符八年（1015），27岁

登蔡齐（988—1039）榜，中乙科第97名，任广德军司理参军。

大中祥符九年（1016），28岁

在广德司理参军任上，司理刑狱，迎母侍养。

天禧元年（1017），29岁

擢文林郎、权集庆军节度推官（集庆军，即亳州，又称谯郡）。贫止一马，鬻马徒步之任。上《奏请归宗复姓表》，始复范姓。

天禧三年（1019），31岁

加秘书省校书郎，仍从事于谯郡。与诗人石曼卿（994—1041）交际于太清宫。

天禧四年（1020），32岁

仍在亳州任幕职官。

天禧五年（1021），33岁

调监泰州西溪盐仓，系衔仍旧。是年，张士逊为枢密副使，丁谓加司空，冯拯拜左仆射，曹利用拜右仆射。

天圣二年（1024），36岁

迁大理寺丞，仍在西溪盐仓任。娶应天府李昌言女李氏为妻。同年，生长子纯佑（1024—1063）。

天圣三年（1025），37岁

秋，因发运副使张纶（962—1036）荐，知兴化县事。滕子京协助其筑捍海堰，虽因暴风雪而停建，但其首倡之功甚伟。

天圣五年（1027）， 39岁

守母丧于南都应天府，晏殊出守应天府，邀范仲淹掌应天府书院，同时执教者还有王洙（997—1057）、韦不伐（978—1051）等人。范仲淹上宰执万言书，深受时相王曾赏识。孙复（992—1057）来谒，授以《春秋》，资助孙就读于应天书院。六月，次子纯仁（1027—1101）生。

天圣六年（1028），40岁

掌应天府书院教习。七月，捍海堰历时近两年修成。因范仲淹首倡之功，后人誉为"范公堤"。是年，葬母于河南万安山。十二月，范仲淹守丧期满，经晏殊推荐，召为秘阁校理，跻身馆职。

天圣七年（1029），41岁

供职秘阁。十一月冬至，上书谏仁宗率百官行拜贺太后寿仪，后又疏请太后还政，疏入不报，遂自请补外，出为河中府通判。

是年二月，张士逊罢相，以吕夷简同中书门下平章事、集贤殿大学士。夏竦先为参知政事，后为枢密副使。

天圣九年（1031），43岁

三月，迁太常博士，移陈州通判。葬母于河南伊川万安山。上书乞将磨勘恩泽迫赠父母。三子纯礼（1031—1106）生。

明道元年（1032），44岁

仍在陈州通判任上。二月，仁宗生母李辰妃卒；范仲淹屡上奏疏，劝以唐中宗朝上宫婕妤、贺娄氏卖墨敕斜封官事为鉴。

吕夷简上《三朝宝训》。以张士逊为同中书门下平章事、集贤殿大学士。八月，晏殊为枢密副使，后为参知政事，杨崇勋为枢密副使、枢密使。年初，宋加封李德明为夏王，十月去世。子李元昊（1003—1048）继位，宋封其为定难军节度使、西平王。

明道二年（1033），45岁

三月，刘太后薨，仁宗亲政。四月，范仲淹被召回京任右司谏。力谏废郭后，被贬外放，出守睦州。

景祐元年（1034），46岁

四月至睦州任所。凭吊严子陵钓台，重修严子陵祠堂，建龙山书院。六月，移守乡郡姑苏，与叶参（964—1043，叶清臣父）交政后，立即投入救灾，有苏州治水之载。

景祐二年（1035），47岁

仍在知苏州任上。

时郭皇后暴卒，舆论疑内侍阎文应下毒，范仲淹奏劾之，阎被贬岭南，死途中。

景祐三年（1036），48岁

在开封府任所。正月，上太宗尹京时所判案牍。五月，上疏论营建西都洛阳事，吕夷简讥为迂阔近名。上百官图，指斥宰相用人失当，又上四论，吕夷简反诉范仲淹"越职言事，荐引朋党，离间君臣"，贬知饶州（今江西鄱阳县），余靖（1001—1047）、尹洙（1000—1064）论救，欧阳修切责高若讷（997—1055），相继贬外，士论荣之;蔡襄（1012—1067）作《四贤一不肖》诗，朝野传诵。史称景祐党争。

景祐四年（1037），49岁

仍在饶州任上。妻李夫人病卒。诏移范仲淹知润州（治今江苏镇江）。

宝元元年（1038），50岁

正月，赴润州。道经江西彭泽，谒狄仁杰祠，重撰狄梁公碑。十一月，知越州（治今浙江绍兴），途中访友人邵㻛，在杭州拜访仕故人胡则。

康定元年（1040），52岁

正月，仍在越州任上。三月，复天章阁待制，知永兴军。五月，任陕西经略安抚副使。

庆历三年（1043），55岁

八月，就任参知政事，富弼为枢密副使，韩琦代范仲淹宣抚陕西。九月，仁宗开天章阁，诏命条对时政，范上十事疏。吕夷简以太尉致仕。

庆历四年（1044年），56岁

九月，吕夷简卒，晏殊罢，杜衍同中书门下平章事兼枢密使、集贤胚大学士，贾昌朝为枢密使，陈执中为参知政事。范仲淹檄正患病的种世衡与原州知州蒋偕合兵抢修细腰城，断明珠、灭臧交通西夏之路。

十一月，王撰辰（1012—085）等兴"奏邸之狱"，范仲淹等所荐新进名士皆贬逐殆尽。范请罢参知政事，乞知邠州。

庆历五年（1045），57岁

正月，罢范仲淹参知政事，以资政殿学士陕西四路按抚使，出知邠州，兼陕西四路缘边安抚使；罢富弼枢密副使，以京东西路按抚使知郓州，杜衍罢相，出知兖州。八月，欧阳修为范、富、杜、韩四人辩解，被贬知滁州（安徽滁州）。

庆历六年（1046），58岁

正月，至邓州任所。范雍病逝洛阳，范仲淹撰墓志。七月，继室曹氏（另据考证为张氏）生四子纯粹（1046—1117）。九月十五日应挚友滕子京之邀，在花洲书院写下千古名篇《岳阳楼记》。

庆历七年（1047），59岁

任知邓州。四月，尹洙卒于邓州，范仲淹营护其丧事。

皇祐元年（1049），61岁

正月，移知杭州，过陈州，拜会晏殊；三月，次子纯仁进士及第。赴杭过苏时，与兄仲温议定在苏州创办义庄。同年，王安石来访。

皇祐二年（1050），62岁

任知杭州任上。十月，为苏州义庄订立规约。迁户部侍郎。十一月，移知青州。

皇祐三年（1051），63岁

春，赴任青州，过长山，礼参故乡父老。三月，至青州任所，与前任富弼交政。时青州大饥，到任即赈济救灾。

皇祐四年（1052），64岁

正月，扶病就道，移知颍州。行至徐州，已沉疴不起，仁宗遣使赐药存问，于五月二十日卒于徐州。死前上《遗表》，一言未及家事。卒，赠吏部尚书，谥文正。十二月壬申，葬于西京洛阳伊川万安山下，仁宗亲篆其碑额"褒贤之碑"。富弼撰墓志，欧阳修撰神道碑，名公显宦以祭文等方式表示对范仲淹的哀悼和崇敬之情。宣和五年（1123），应宇文虚中之请，赐庆州文正祠庙额为"忠烈"，过化之邦立祠庙祭祀者凡18处。靖康元年（1126）二月，追封为魏国公。